TAROT
für alle Lebenslagen

Ulrike Dahm

TAROT

für alle Lebenslagen

Das Begleitbuch
zu allen Tarot-Spielen
und Legesystemen

Seehamer Verlag

Genehmigte Lizenzausgabe 1997
für Seehamer Verlag GmbH, Weyarn
© by Autorin und Verlag
Umschlaggestaltung: Bine Cordes, Weyarn,
unter Verwendung von zwei Crowley-Tarotkarten
Printed in Austria
ISBN 3-932131-26-6

Inhaltsverzeichnis

Vorwort   7

Einleitung   10

Kapitel 1: Die »richtigen« Karten finden   13

Kapitel 2: Erste Begegnung mit den Karten – eine Selbsterfahrung   35

    Die Karten als Spiegel der Seele   36
    Die Tageskarte   38
    Idealbild und Schatten   41
    Phantasiereise in die Karten   43
    Das Kind in mir   46
    Das Lebensthema finden   49
    Affirmationen   51
    Die Nacht- oder Traumkarte   57
    Tarottagebuch   58

Kapitel 3: Reiseführer durch die Karten   61

    Pfade durch die Großen Arkana   62
    Pfade durch die Kleinen Arkana   72
    Eine Reise durch die Hofkarten   80

Kapitel 4: Allgemeiner Umgang mit den Karten   87

    Vorbereitungen auf das Tarotspiel   88
    Die drei Wege der Kartendeutung   90
    Tips zum Ablauf einer Tarotsitzung   91

Kapitel 5: Die »richtige« Fragestellung ans Tarot   97

Kapitel 6: Ein kurzes Wort zum Thema »Probleme«   105

Kapitel 7: Intuition – die Grundlage guter Kartendeutung   111

Kapitel 8: Der Umgang mit festen Legesystemen   117

Klärung der allgemeinen Lebenssituation   119
Gesamtüberblick nach den vier magischen Werkzeugen:
Stab, Schwert, Kelch, Scheibe   127
Verhaltensmuster klären   132
Der »Augen-Blick«   133
Alltägliche Entscheidungshilfen   135
Vom Wunsch zum Ziel   138
Der Mann und die Frau in uns   141
Beziehungen, Partnerschaft   144
Tarot-Encounter   151
Sexualität   153
Krankheit   157
Sucht   158
Geld   160
Arbeit, Beruf   162
Chakralesen   167

Kapitel 9: Spielereien mit Zahlen   171

Der Geheimsinn der Zahlen   173
Karma, Charakter, Lebensziel   177
Der Herzens- oder Seelendrang   179
Beziehungskarte   179
Jahreskarte   179
Tageskarte   180
Quersummenkarte   180
Der innere Führer   184

Kapitel 10: Die Bedeutung der Farben im Tarot   187

Kapitel 11: Tarot in der Gruppe   197

Selbstdarstellung   199
Spiegelbild   200
Sympathie   200
Ähnlichkeiten   201
Idealbild und Schatten   201
Der Heiße Stuhl   202
Spiele: Tarot-Märchen erzählen   203
Spiele: Tarot-Theater   203
Spiele: Tarot-Tanz   206
Tarot-Arbeitskreis   207

Ausblick   208

Vorwort

Ich bin auf einem großen Fest. Eine Freundin hat mich eingeladen. Sie weiß um meine Situation, um meinen Kummer, denn mein Mann hat sich gerade von mir getrennt. Sie will mich auf andere Gedanken bringen, doch das will mir an diesem Abend nicht so recht gelingen. Ich fühle mich fremd, verloren unter diesen vielen Menschen, die tanzen, miteinander lachen und fröhlich sind. Ziellos laufe ich umher, gehe ins obere Stockwerk des Hauses. Plötzlich stehe ich vor einem Mann, der am Boden sitzt und auf einem Tuch vor sich Karten ausgebreitet hat. Ein Kartenleger. Noch nie vorher hatte ich mir die Karten legen lassen. Doch sein einladendes Lächeln zieht mich an und ich setze mich nieder. »Was ist Deine Frage?« will er wissen. Oh je, jetzt muß ich auch noch eine Frage stellen! Das kommt völlig überraschend für mich. Am liebsten würde ich unter den Tisch kriechen und mich verstecken, denn in der Zwischenzeit hat sich eine Traube von Menschen hinter meinem Rücken versammelt. Ich weiß nicht, was ich fragen soll, denn auf keinen Fall möchte ich meine persönliche Situation in aller Öffentlichkeit preisgeben. »Ziehe doch erst mal eine Karte für deine momentane Situation«, fordert mich der Kartenleger auf. Langsam lasse ich meine linke Hand über die Karten gleiten. Ich ziehe den »Tod«. Ich bin schockiert. Stirbt etwa bald jemand aus meiner Familie oder gar ich selbst? Der Mann ahnt meine düsteren Gedanken und lacht. »Du solltest den Tod nicht als etwas Schreckliches sehen«, sagt er. »Du bist wohl im Moment in einer Situation, wo etwas Altes in Deinem Leben abstirbt, weggeht, damit etwas Neues Platz hat. Wahrscheinlich standen schon längst Veränderungen an. Du wolltest sie nur nicht wahrhaben.« Ich nicke. Mit Schrecken fallen mir die Streitereien, die endlosen Diskussionen und gegenseitigen Schuldvorwürfe mit meinem Mann ein. Schon lange hatte ich gespürt, daß wir uns auseinanderlebten, uns in verschiedene Richtungen bewegten. Nur hatte ich nie den Mut gehabt, einen Schlußstrich zu ziehen. Aber warum hatte ich diese so treffende Karte gezogen? Woher wußte dieser Mann so genau meine Situation zu schildern? Ich war völlig verblüfft und verwirrt. Die Tarot-Karten hatten mich in ihren Bann gezogen. »Der Tod ist immer auch ein Neubeginn«, sagte der Kartenleger abschließend zu mir. »Wenn wir von Altem loslassen können und mit den nötigen Veränderungen mitgehen, ist unser Leben eine spannende Reise, die uns statt Langeweile und Stumpfsinn Freude und ständig neue Abenteuer bringt.« Wie recht er behalten sollte!

Mit großer Begeisterung und Spannung entdeckte ich in der darauffolgenden Zeit die faszinierende Welt des Tarot, kaufte mir verschiedene Tarot-Spiele und verschlang jedes verfügbare Buch über die Bedeutung der Karten. Ich wollte wirklich wissen, was es mit diesen geheimnisvollen Karten auf sich hatte. Beim Studium der Tarot-Literatur mußte ich mit Erstaunen feststellen, daß die Auslegung der Symbolik teilweise weit auseinander ging. Was war denn nun die wahre Bedeutung der Karten? Ich war verwirrt. Die verfügbare Literatur war mir zwar eine große Hilfe für das Verständnis des Tarot, aber sie bot mir nur wenig Anregungen, wie ich die Karten praktisch für mich in den verschiedensten Lebenssituationen hilfreich nutzen konnte. Ich saß ratlos da mit meinen vielen Büchern und Karten. Wie konnte ich bestimmte Probleme angehen, wie sinnvolle Fragen finden? Was bedeutete das As der Schwerter, wenn ich eine Frage hatte zu meiner Arbeit, meiner Gesundheit, meiner Beziehung zu meinem Partner oder zu Geld?

Nach vielen Jahren des persönlichen Studiums der Karten und der Arbeit mit ihnen in Einzelsitzungen und Gruppen entstand in mir der Wunsch, das Buch zu schreiben, welches ich nie gefunden hatte. Das Leben schickte mir die richtigen Menschen, die mir bei der Realisierung meiner Idee halfen. Und so kann ich Ihnen hiermit ein Buch vorstellen, das Ihnen Hilfestellungen gibt, statt festgelegter Interpretationen Ihre individuelle Deutung zu finden und sich mit Ihren persönlichen Stärken und Schattenseiten in den Karten wiederzuentdecken.

Der Hauptaugenmerk dieses Buches liegt auf dem praktischen Teil des Kartenlegens. Dazu gebe ich Ihnen zahlreiche neue und auch bekannte Spielanleitungen, erprobte Legesysteme für die häufigsten Problembereiche, Anregungen zur richtigen Fragestellung und Gestaltung bzw. Durchführung von

Tarotsitzungen. Durch zahlreiche Übungen werde ich Sie in die Lage versetzen, Ihre Intuition zu wecken und ihr zu vertrauen. Damit können Sie aus dem Dilemma herauskommen, immer wieder in Büchern nachlesen zu müssen, was die von Ihnen gezogenen Karten für Sie bedeuten oder Ihnen sagen wollen. Gleichzeitig werde ich Sie mit den wichtigsten Voraussetzungen für die Arbeit mit anderen – als Therapeut oder Laie – bekannt machen: Wachsamkeit, Vorurteilslosigkeit und Mitgefühl.

Auf Deutungsbeispiele zu den verschiedenen Legesystemen habe ich bewußt verzichtet, um Sie in Ihrer persönlichen Auslegung nicht zu beeinflussen. Je weniger solcher Beispiele über Deutungen zu bestimmten Problemen Sie gelesen haben, desto weniger werden Sie sich selbst verführt fühlen, im Buch die pauschalen, »richtigen« Deutungen nachzulesen. Ich möchte Sie vielmehr dazu anhalten, sich Ihre persönliche, für Sie wahre Antwort zu geben oder anderen zu ihrer individuellen Lösung eines Problems zu verhelfen, wenn Sie einem Freund oder in der Gruppe die Karten legen.

Dieses Buch ist nicht an ein bestimmtes Tarotdeck gebunden und läßt sich daher für die verschiedensten Kartenspiele anwenden. Es ist sowohl für den erfahrenen Spezialisten als auch für den Einsteiger ein Ratgeber und Kompaß zur selbständigen Orientierung.

Das Tarot gibt zwar ernsthafte, tiefe Einblicke in unser Leben und Streben, doch sollten wir nicht vergessen, daß es ein humorvoller Lehrmeister ist, der uns zeigt, wie wir Distanz zu unseren Problemen, Sorgen und Verwirrungen herstellen können, indem wir über uns lachen. Wenn wir uns distanzieren können, stecken wir nicht mehr mitten im Sorgenchaos, sondern sehen unser Leben als Betrachter. Da wird vieles klarer, übersichtlicher und einfacher.

Es bleibt mir nur noch zu wünschen, daß Ihnen das Lesen und Arbeiten mit diesem Buch ebensoviel Freude macht, wie ich sie beim Schreiben empfunden habe.

Einleitung

Begeben wir uns gemeinsam als Einstieg in die Welt des Tarot auf eine abenteuerliche Entdeckungsreise, eine Reise zu Ihren eigenen Tiefen. Die Wegweiser oder die Brücke dazu sind in unserem Fall die Tarotkarten.

Dieses geheimnisumworbene Kartenspiel unbekannter Herkunft hat seit vielen Jahrhunderten, vielleicht sogar seit Jahrtausenden die Gemüter der Menschen bewegt. Seine hauptsächliche Verwendung in früheren Zeiten, die Wahrsagerei, möchte ich ausklammern, denn sie ist für mich von geringem Interesse. Natürlich steht es Ihnen frei, sich an festgelegte Bedeutungen zu klammern und schicksalhaft an das zu glauben, was Ihnen ein Wahrsager erzählt. Doch um wieviel spannender ist es, allen esoterischen Hokuspokus hinter sich zu lassen und Verantwortung für sein Leben zu übernehmen, auch wenn das nicht immer der bequemste Weg ist!

Stellen Sie sich vor, Sie wüßten bereits jetzt, was Ihnen in den nächsten Jahren passieren wird. Ihr Leben würde langweilig verlaufen, Sie würden bereits jetzt Vorkehrungen für eine schicksalhafte Wende treffen, um darauf gut vorbereitet zu sein und damit gäbe es keine Überraschung und keinen Lernprozeß für Sie. Und noch eines: Wenn Ihnen Karten und Wahrsager etwas voraussagen, können Sie mittels Ihres Glaubens an das Zukunftsereignis seinen Eintritt verursachen. Also, wollen Sie mittels der Kraft Ihrer Gedanken wirklich krank werden oder Ihre Arbeit verlieren? Lassen Sie sich doch lieber von dem Lottogewinn überraschen! Bedenken Sie, daß derjenige, der Ihnen die Zukunft voraussagt, nur aus dem schöpfen kann, was seine Erfahrungen sind. Nur sehr wenige haben wirklich das sogenannte »zweite Gesicht« und können Zukünftiges sehen. Sie sprechen oft von Ereignissen, die sich dann tatsächlich, aber in anderer Gestalt, an einem anderen Ort oder auf einer anderen Ebene Ihres Seins ereignen.

Mehr denn je ist es heute wichtig, neue Wege zu gehen, sich

selbst auf die Suche zu machen anstatt sogenannten Autoritäten oder Spezialisten gleich welcher Art blind zu vertrauen und zu folgen. Die Auswirkungen alter, überkommener Verhaltensnormen und Moralvorschriften sind in jedem Bereich unseres Lebens schmerzhaft zu spüren. Wir sind auf dem besten Wege, uns selbst zu vernichten. Die alten Feindbilder haben uns an den Rand des Abgrunds gebracht. Nur wenn wir Freundschaft mit uns selbst schließen, indem wir uns auf unser wirkliches Wesen rückbesinnen und die verschiedenen Aspekte unseres Selbst ohne Schuldgefühle annehmen und leben, können wir auch anderen Menschen, Völkern, Glaubensrichtungen tolerant, vorurteilsfrei und freudig begegnen.

Die Tarotkarten, richtig verwendet, werden Sie oft auf sich selbst zurückwerfen. Und das ist gut so, denn die Wahrheit über sich selbst können Sie letztendlich nur allein herausfinden. Sicherlich sollten Sie nicht auf Hilfestellungen von außen verzichten. Wir alle sind auf die Spiegel unserer Mitmenschen angewiesen, um uns selbst erkennen zu können. Und das ist für mich auch die Funktion der Tarotkarten: Spiegel unserer verborgenen Wünsche, Ängste, Hoffnungen, Urteile, Glaubenssätze usw. Lassen Sie uns erwartungsvoll und offen in diesen Spiegel sehen, unernst und spielerisch unsere Wahrheit darin erkennen und mit viel Humor unsere Schwächen akzeptieren!

Das Leben ist ein Spiel und im Tarotspielen wird sich zeigen, welchen Regeln Sie sich in Ihrem alltäglichen Leben unterworfen haben. Lassen Sie uns jetzt beginnen!

Kapitel 1

Die »richtigen« Karten finden

»Und frage nicht: ›Was ist der richtige Weg?‹ Alle Wege sind richtig – oder falsch. Es geht nicht darum, zu entscheiden, welcher Weg richtig ist. Das einzige, was entschieden werden muß, ist der Weg, der zu dir paßt.«

Osho

Schon das Märchen »Aschenputtel« erinnert uns daran, daß nicht jeder Mensch in den gleichen Schuh paßt: Die neidischen Schwestern von Aschenputtel versuchen, sich in deren Schuh zu zwängen, um den Prinzen zum Gemahl zu bekommen und laufen sich dabei die Füße wund. »Passend« oder »nicht-passend«, »richtig« oder »falsch« ist also eine ganz persönliche Angelegenheit, und wir sollten uns davor hüten zu meinen, wir wüßten, was für einen anderen Menschen oder gar allgemeingültig richtig und falsch ist.

Eines der wichtigsten Dinge, die uns das Tarot lehren kann, ist: Es gibt kein »richtig« und kein »falsch«. Alles hat zu seiner Zeit seine Richtigkeit und mag für den einen stimmen, für den anderen nicht. Vielleicht haben Sie sich vor Jahren ein Tarot-Deck erworben, das Sie damals fasziniert hat, heute aber für Sie nicht mehr die Aussagekraft von damals hat. Wenn wir ein Kartenspiel als »gut«, »besser als andere« oder »schlecht« bezeichnen, so sagt das lediglich etwas über unser eigenes Wertsystem, unsere Vorlieben und nichts über die Qualität der Karten aus. Unsere Urteile und Meinungen sind geprägt von unserer Umwelt, von Modetrends, von Menschen, die uns wichtig sind. Wir sehen die Realität durch eine subjektiv gefärbte Brille und zudem verändern wir uns ständig, wenn wir lebendig und spontan sind.

Obwohl es eine weitverbreitete Meinung ist, dieses oder jenes Deck sei das beste, kann ich dem nicht zustimmen. Es kommt lediglich darauf an, »wie« und »von wem« die Karten verwendet werden. Jedes Kartenspiel ist dafür geeignet, die Botschaften unseres Unbewußten und die Ursachen von Problemen ans Licht zu holen. Die Intensität der Arbeit mit den Karten hängt ausschließlich von Ihnen ab! Wenn Sie offen und vorurteilsfrei an Ihre Fragen und Probleme oder die anderer Menschen herantreten, werden Sie einen tieferen Blick auf die Beweggründe und Ursachen erhalten und viele Einsichten gewinnen. Wenn Sie jedoch zögernd, zweifelnd und ängstlich mit dem Tarot spielen, werden Sie keinen Nutzen aus ihm ziehen können. Für mich sind die Tarotkarten weniger ein Mittel, um die Zukunft vorauszusagen. Ich will mich von niemandem in meiner Zukunft festlegen lassen, sondern jeden Moment neu offen sein für das, was passiert.

Tarot ist ein ausgezeichnetes Medium, um nach innen zu schauen, um das Unbewußte aufzudecken. Unsere Wahrnehmung der äußeren Welt ist ein Spiegel unseres inneren Zustandes. Wer von uns kennt nicht die Phase des Verliebtseins, wo man auf Wolken schwebt und alles durch die rosarote Brille sieht? Oder der erste Liebeskummer: Das Leben erscheint grau, nicht lebenswert, die Mitmenschen gehen einem auf die Nerven und das Essen schmeckt nicht mehr.

Die Tarot-Karten stellen universelle Bilder unserer Seele dar, Bilder, die unabhängig von Gesellschaftsschicht, Rasse, Staatsangehörigkeit, Religion... in der Psyche der Menschen, jedenfalls unseres Kulturkreises, wie C. G. Jung bereits untersucht und nachgewiesen hat, gleichsam als Erbgut vorhanden sind. Deshalb sind sie ein besonders hilfreicher Schlüssel, um die Tür zu unserer Seele zu öffnen. Und darum geht es bei diesem Spiegel. Lassen Sie Ihrer Seele Raum zur Entfaltung, lassen Sie Ihre Seele sprechen, lachen oder weinen. Das wird Sie lebendig und frisch machen.

In den letzten Jahren gab es einen wahren Tarot-Boom. Mittlerweile sind über 100 verschiedene Tarot-Decks auf dem Markt. Einige der bekanntesten sind zu Beginn des Kapitels abgebildet. Blättern Sie doch noch einmal zurück und sehen Sie sich die Vielfalt der Darstellungen an. Es handelt sich bei jedem Tarot-Deck um die Darstellung der Karten »Der Narr«, »Der Magier«, »König der Stäbe« und »Zwei der Kelche«. Wie haben die einzelnen Künstler das gleiche Thema dargestellt, welche Farben herrschen vor, wie sehen die Gegenstände, Symbole oder Menschen aus?

Ich möchte Ihnen die abgebildeten Tarot-Decks an dieser Stelle vorstellen.

Das Rider-Waite-Tarot

Dieses Deck wurde erstmals im Jahre 1910 in London von »Rider & Company« veröffentlicht. Noch heute ist es eines der bekanntesten Tarotspiele. Die Karten wurden von Pamela Colman Smith gezeichnet, die sich an die Vorgaben von Arthur Edward Waite hielt. Beide waren Mitglieder des Golden-Dawn-Ordens.

Das besondere am Rider-Waite-Tarot liegt darin, daß die 40 Kleinen Arkana nicht nur wie in den meisten anderen Spielen mit den jeweiligen Symbolen versehen sind, sondern bildhaft illustriert wurden. Die Darstellungen sind klar, einfach und zeitgenössisch gehalten. Deshalb eignet sich dieses Deck vorzüglich für die intuitive Arbeit mit dem Tarot.

Der NARR

Der MAGIER

KÖNIG der STÄBE

Das Crowley-Tarot

Diese Karten wurden 1977 erstmals veröffentlicht, obwohl Lady Frieda Harris nach Anweisungen des Magiers Aleister Crowley die Karten nach fünfjähriger Arbeit bereits 1943 fertiggestellt hatte. Wesentlich anspruchsvoller als das Rider-Waite vereinigen die Crowley-Karten Astrologie, Kabbala, Numerologie mit einer Vielfalt von Symbolen verschiedenster Mysterienschulen. Die Bilder sind sehr ausdrucksstark, wobei die Symbolik der Kleinen Arkana mit Deutungsnamen versehen wurde.

Sowohl zum Rider-Waite als auch zum Crowley gibt es in der Zwischenzeit einige gute Literatur zur Deutung.

0 | Der Narr

I | Der Magier

Ritter der Stäbe

2 | Liebe

19

Das Visconti-Sforza-Tarot

Das älteste, vollständig erhaltene Tarot-Deck ist das Visconti-Sforza-Tarot. Es entstand um das Jahr 1445. Fast ehrfürchtig stimmen mich diese alten Bilder, die Zeugnis ablegen von den geheimnisvollen Ursprüngen des Tarot. Da die Darstellungen doch sehr der damaligen Zeit entsprechen und für den Menschen des 20. Jahrhunderts nicht mehr die adäquate Projektionsfläche seines Lebens bieten, eignen sie sich wohl mehr zum Anschauen oder als Bilder für die Wand.

Das Tarot
der weisen Frauen

Die Künstlerin Sylvia Gainsford, ein Mit-
glied des Isiskults, hat die Karten dieses
Decks mit sehr naturnahen, märchenhaf-
ten und ausdrucksstarken Darstellungen
versehen. Eine Gruppe von acht Hexen
des Wicca-Kults hat bei der Entwicklung
der Karten die Künstlerin beraten. Es handelt sich bei diesen Karten jedoch nicht um
schwarzmagische oder satanische Inhalte,
sondern sehr lebensfrohe und positive Bilder. Die Kleinen Arkana zeigen nicht nur
Symbole, sondern auch szenische Darstellungen.

Der Narr
0

Der Magier
I

König der Stäbe

Zwei der Kessel

Das Osho-Neo-Tarot

Ein Deck besonderer Art ist das Osho-Neo-Tarot. Nicht nur von der Anzahl der Karten (60 statt 78) hebt es sich von allen anderen Decks ab. Jede Karte bezieht sich auf eine spezielle Geschichte, die man in einem beigefügten Heftchen nachlesen kann, und die von Osho (ehemals Bhagwan Shree Rajneesh) in einem seiner Vorträge erzählt wurde. Die Geschichten zielen eindeutig auf eine Bewußtseinserweiterung und veränderte Sichtweise des Lebens und unserer Handlungen ab. Sie stammen aus allen religiösen Traditionen, erzählen von Zen-Meistern, Sufi-Mystikern, Jesus, Buddha und vielen anderen.

Die Darstellungen sind einfach, fast naiv, zeitlos, gut erfaßbar und ohne numerologisches, astrologisches oder anderes Beiwerk. Die Bilder und Geschichten bieten wenig Möglichkeiten für Interpretationen, sondern zielen genau auf den Punkt des Problems.

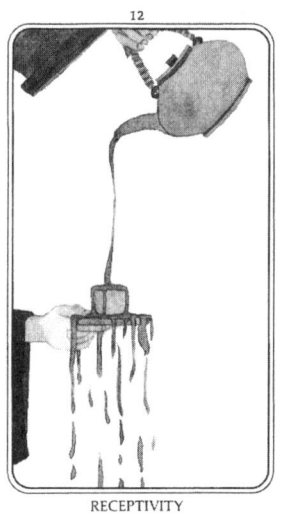

12

RECEPTIVITY

18

MEDITATION

27

JUDGMENT

51

COURAGE

25

Das Tarot de Marseille

Das Tarot de Marseille ist eine Reproduktion alter Holzschnitte. Seine Ursprünge verweisen auf die Mitte des 17. Jahrhunderts. Schon Antoine Court de Gebelin hat sich von einem Marseiller Tarot inspirieren lassen. Er sah in ihm die Überlieferung alten ägyptischen Wissens. Dieses Kartenspiel mit seinen mittelalterlichen szenischen Darstellungen ist die ursprünglichste Form des okkulten oder esoterischen Tarot. Diese Karten wurden hauptsächlich zum Wahrsagen verwendet.

Der Narr

Der Magier

König der Stäbe

Das Arcus-Arcanum-Tarot

Arcus-Arcanum heißt übersetzt »Bogen der Geheimnisse«. So weist der Name des Decks auf eine wichtige Funktion der Tarot-Karten hin: Eine Brücke zu sein zwischen Bewußtem und Unbewußtem. Die Karten entstanden aus der Zusammenarbeit von Günter Hager und dem Künstler Hansrudi Wäscher.

Die Darstellungen wirken mittelalterlich märchenhaft und stellen comic-ähnlich in sich geschlossene Szenen dar. Dabei wurde auf astrologische, numerologische oder andere Zuordnungen verzichtet, um das Tarot für sich allein sprechen zu lassen.

0 · Der NARR

I · Der MAGIER

STAB KÖNIG

Das Golden-Dawn-Tarot

Jahrhundertelang war die Golden-Dawn-Bruderschaft eine Geheimorganisation, die nichts von ihrem Wissen und Tun an die Öffentlichkeit dringen ließ. Es ist das Verdienst von Israel Regardie und Dr. Robert Wang, daß die Tarot-Karten, die das Wissen der Bruderschaft beeinhalten sollen, entwickelt und gezeichnet wurden. Ihre Darstellung ist kindlich-naiv, ohne dramatische Farbgebung. Sie stehen in enger Verbindung mit der Kabbala. Dieses Deck war für viele andere, später entstandene Decks (wie Rider-Waite, Crowley u. a.) die Grundlage.

0   THE FOOL

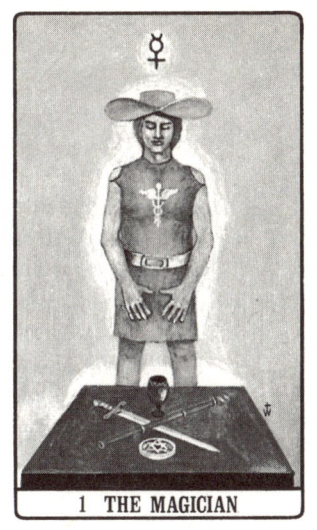

1   THE MAGICIAN

KING OF WANDS

Das Jungianische Tarot

Dieses Deck ist eine Einführung in die Jung'sche Psychologie. Die Lehre der Archetypen ist die Basis des Decks und sie dominieren somit die Darstellungen und ihre Bezeichnungen. So ist zum Beispiel der Magier der Archetyp des Animus und die Hohepriesterin die Archetypin der Anima.

Jung prägte den Begriff der »aktiven Imagination«, der durch diese Tarot-Karten tatsächlich sehr unterstützt wird. Durch das Betrachten der Karten entwickelt man ein Verständnis seines Selbst und dringt in seine individuellen Tiefen vor. Die Karten stimulieren durch die starke Leuchtkraft ihrer Farben und die zeitlosen Darstellungen.

Bei der Auswahl der Karten, mit denen Sie arbeiten oder spielen wollen, ist es wichtig, daß die Bilder Sie ansprechen, daß sie ein guter Spiegel Ihrer inneren Bilderwelt sind und so die in Ihnen vorhandenen Archetypen wachrufen. Auch die Rückseite der Karten sollte Sie ansprechen. Sicherlich kann es von Vorteil sein, ein populäres Deck zu erwerben, weil es dazu viel hilfreiche Literatur gibt. Doch was nützt Ihnen ein solches Deck, wenn Sie Ihre Karten nur widerwillig zur Hand nehmen, da Sie diese auf Anraten einer guten Freundin und nicht aus eigenem Entschluß gekauft haben.

Sehen Sie sich viele verschiedene Tarot-Karten an. Gehen Sie allein in einen Laden, der eine große Auswahl hat (meist sind dies esoterische Buchhandlungen) und lassen Sie sich Zeit bei der Auswahl. Fragen Sie diesmal nicht den Verkäufer nach seiner Meinung, wie Sie es vielleicht beim Kauf eines Kleidungsstückes tun würden. Vertrauen Sie Ihrer Wahl oder besser ausgedrückt: Lassen Sie sich von den Karten auswählen! Das ist kein aktiver Vorgang. Sie sind einfach empfänglich, lassen die Bilder auf sich wirken, ja sogar zu Ihnen sprechen. Nicht Ihr vernünftiger Verstand, sondern Ihre Intuition soll entscheiden. Kaufen Sie sich das Spiel, zu dem Sie sich am meisten hingezogen fühlen und dessen Bilder Ihnen am besten gefallen.

Kapitel 2

Erste Begegnung mit den Karten – eine Selbsterfahrung

Die Karten als Spiegel der Seele

Machen Sie folgendes Experiment: zeigen Sie fünf verschiedenen Menschen unabhängig voneinander die gleiche Tarotkarte. Lassen Sie sich nun von den einzelnen Personen die Darstellungen beschreiben. Sie werden erstaunt sein, daß Sie fünf verschiedene Antworten erhalten. Dem einen gefällt das Bild, den anderen stößt es ab. Jeder schreibt den auf der Karte abgebildeten Personen andere Eigenschaften zu. Die Spiegelfunktion der Tarotkarten wird hier besonders deutlich: Da wir alle unsere individuelle Realität haben, die durch unsere persönliche, durch Werturteile, positive und negative Erfahrungen gefärbte Brille gesehen wird, spricht jeder bei der Betrachtung der Bilder unbewußt über sich selbst, über seine innere Bilderwelt, seine Ängste und Hoffnungen. Alle Aussagen über eine bestimmte Karte sind letztendlich die Projektionen unserer Innenwelt (Ideale, verdrängte Ängste und Hoffnungen) auf das vor uns liegende Bild.

Die Wirklichkeit sieht so aus: Jede Darstellung hat eine bestimmte Energieform. Diese ist zunächst einmal neutral, weder gut noch schlecht, wie es häufig behauptet wird. Lassen Sie uns eine Karte zur Verdeutlichung herausgreifen: Den Herrscher. In jedem Tarotspiel verkörpert er starke, männliche, Autorität ausstrahlende, aktive Energie. Egal, ob Sie ein Mann oder eine Frau sind, es ist wichtig, daß Ihnen in Ihrem Verhaltensrepertoire diese Energie zur Verfügung steht. Genauso wichtig ist es, die rezeptive, weibliche, mütterliche Energie der Herrscherin leben zu können. Nur wenn zwischen diesen beiden Energien ein Ungleichgewicht besteht, d. h. daß eine der beiden Energien zu stark oder zu schwach ist oder die Energie am falschen Platz eingesetzt wird, nur dann hat diese Energie negative Auswirkungen.

Wenn Sie eine bestimmte Karte ablehnen, können Sie davon ausgehen, daß dieser Teil in Ihnen nicht harmonisch integriert ist. Diese Erkenntnis ist deshalb so wichtig, da sie Ihnen die Chance bietet, sich Ihre Wertungen anzuschauen, sie neu zu überprüfen und zu verändern, um zu einem inneren Gleichgewicht zu kommen. Ein kluger Spruch sagt: Es gibt nichts zu verändern außer der eigenen Sichtweise!

Es ist auch möglich, daß Sie Angst vor der Aussage einer Karte haben, da sie einen wunden Punkt in Ihnen beschreibt, den Sie nicht antasten wollen. Möglicherweise können Sie die Ursache der Angst nicht benennen, da sie sehr tief begraben liegt, und haben nur ein sehr unbequemes Gefühl bei der Betrachtung. Dann können Sie noch weiter forschen, weiter in die Tiefe gehen. Wie Sie das machen, werden Sie im Verlauf des Buches lernen. Zwingen Sie sich jedoch zu nichts. Die Karte bietet Ihnen nur dann die Gelegenheit, sich Ihrer geheimsten Wünsche und Ängste bewußt zu werden, wenn Sie es wollen.

Das Leben verläuft im ständigen Wechsel zwischen zwei verschiedenen Polen, Tag und Nacht, Sommer und Winter, Jugend und Alter, Mann und Frau usw. Das eine ist ohne das andere nicht denkbar, ja nicht einmal existent. Es mag Zeiten geben, in denen Sie bewußt ein Extrem leben, vielleicht weil Sie zu lange im anderen Extrem verhaftet waren. Letztendlich gilt es jedoch, von der dualistischen Denkweise wegzukommen und das Leben im Spannungsfeld zwischen den verschiedenen Polen anzuerkennen und in Harmonie zu leben. Sie sind ja doch nur die verschiedenen Seiten derselben Münze. Je mehr Sie sich in die Tarotkarten vertiefen, desto leichter wird es Ihnen fallen, von Wertungen zu lassen und sich vom »Entweder-oder«-Denken (= Einteilung in gut und schlecht, richtig und falsch) zum »Sowohl als auch«-Denken (= ja zu allem was ist) zu bewegen.

Die Antwort auf alle Fragen liegt in uns verborgen. Die Tarotkarten sind lediglich ein Hilfsmittel, um die Antwort, die meist tief in unserem Unbewußten verschüttet ist, ans Tageslicht zu holen und damit Klarheit in unser Leben zu bringen. Gehen Sie deshalb nicht in die nur allzu leicht mögliche Falle der Faszination, indem Sie die Verantwortung für Ihre Situation fatalistisch ans Tarot abgeben in dem Sinne: Die Karten haben gesagt, ich werde nächstes Jahr zu Geld kommen. Jetzt brauche ich selbst nichts mehr zu tun! Der Satz »Ich würde ja gerne meine Situation verändern, aber ich kann nicht!« heißt sehr oft »Ich will die Vorteile meines jetzigen Tuns und Seins nicht für eine ungewisse Zukunft aufgeben.«

Der Preis dieses Fluchtverhaltens ist groß und wir kennen ihn alle. Es tut zwar gut, mal so richtig über die eigenen »Probleme«

zu jammern, auf die Dauer jedoch verändert sich dadurch gar nichts. Übernehmen Sie die Verantwortung für Ihr Leben und betrachten Sie die Tarotkarten als guten Freund, der Ihnen in unklaren Krisensituationen zur Seite steht.

Natürlich ist es nicht immer leicht, sich ehrlich im Spiegel des Tarot seine innere Realität und deren Auswirkungen auf das äußere Leben anzuschauen. Und doch wollen wir alle letztendlich nur eines: Uns selbst mit allen Schwächen und Stärken erkennen und akzeptieren, unsere Ganzheit erfahren und »heil« werden. Und nur das, was wir in uns selbst erkannt und angenommen haben, können wir auch mit anderen Menschen teilen.

Ich möchte Sie mit den folgenden Kapiteln ermutigen, sich auf die abenteuerliche Entdeckungsreise der Selbsterfahrung zu begeben. Aus eigener, langjähriger Tarotpraxis kann ich Ihnen versichern: Sie werden reich dafür belohnt werden!

Die Tageskarte

Wenn Sie mit Ihren eigenen Augen in die Welt des Tarot »einsteigen« und sich nicht mit vorgefertigtem Buchwissen zufriedengeben wollen, möchte ich Ihnen folgende Übung vorschlagen. Durch sie finden Sie Schritt für Schritt in die vielfältige Welt der 78 Karten hinein und können, wie durch eine Lupe, jeweils einen ganz spezifischen Aspekt Ihrer Persönlichkeit betrachten. Indem Sie den einzelnen Karten Ihren individuellen Sinn geben, können Sie sich selbst in allen Aspekten Ihres Seins tiefer begegnen.

Die möglichen Bedeutungen einer Karte sind unendlich. Neben der klassischen festgelegten Deutung der Symbolik, die meiner Meinung nach sehr begrenzend ist, gibt es auch die individuelle, intuitive Auslegung. Hier zählt nur, was Sie in den Bildern sehen, als Momentaufnahme, die sich immer wieder aufs neue ändern kann. Dabei ist vorgegebenes Wissen eher im Weg.

Nehmen Sie sich über einen längeren Zeitraum hinweg morgens, bevor Sie Ihrem geregelten Tagesablauf nachgehen, eine halbe Stunde Zeit. Es ist gut, sich an eine regelmäßige Zeit zu gewöhnen, das erleichtert die tägliche Entscheidung. Suchen Sie sich einen ruhigen Platz in Ihrer Wohnung, halten Sie ein Notizbuch bereit und breiten Sie die Karten vor sich aus.

Schließen Sie zunächst einmal für ein paar Minuten die Augen und werden Sie zum Beobachter Ihrer inneren Gedankenwelt. Atmen Sie tiefer. Sie werden Ihren unruhigen Geist in allen möglichen Richtungen wandern sehen, zur Auseinandersetzung mit Ihrem Chef am Vortag, zum bevorstehenden Besuch Ihrer Mutter usw. Betrachten Sie Ihre vorüberziehenden Gedanken aus der Distanz, ohne zu urteilen, wie jemand, der an einem Fluß sitzt und ins Wasser schaut oder wie ein Kinobesucher, der auf die Leinwand blickt.

Ziehen Sie dann eine Karte für den kommenden Tag. Vergessen Sie zunächst alles, was Sie vielleicht schon aus Büchern über diese Karte wissen. Schauen Sie das Bild mit völlig neuen Augen an, wie ein Kind ein Bilderbuch ansehen würde. Lassen Sie die Energie der Karte auf sich wirken. Beantworten Sie sich dann möglichst spontan die folgenden Fragen:

- Wie ist Ihre erste Reaktion?
- Wie gefällt Ihnen die Karte?
- Was sehen Sie darauf?
- Welche Erlebnisse, Erfahrungen und Erinnerungen verbinden Sie mit dem Bild?
- Welches Gefühl löst es in Ihnen aus? Macht es Ihnen Freude oder kommt Angst hoch?
- Gibt es Gegenstände oder Personen auf der Karte, mit denen Sie sich identifizieren?

Beobachten Sie für ein paar Minuten, was in Ihnen vorgeht und schreiben Sie sich dann Ihre Beobachtungen auf. Stellen Sie sich jetzt die folgenden oder ähnliche Fragen:

- Wie gehe ich mit der auf der Karte dargestellten Energie in meinem Alltag um?
- Fällt es mir leicht, sie zu leben oder gibt es Situationen, in denen es mir schwerfällt, damit umzugehen?
- Kann ich diese Energie als Teil von mir akzeptieren oder versuche ich, sie zu verdrängen?
- Wie leben meine Mitmenschen diese Energie?
- Wie reagiere ich darauf?

Beispiel: Der Narr

Der NARR

Ich sehe einen jungen Mann, der unbeschwert, ohne großen Ballast durch die Welt wandert. Er bewegt sich leicht, spielerisch tänzelnd und scheint jeden Moment neu bereit zu sein, sich in ein Abenteuer zu stürzen. Er ist ein Spieler, ein Gaukler, spontan und risikobereit. Ich fühle mich von ihm angezogen und beneide ihn ein wenig, denn häufig bremse ich mich in meiner Spontanität, scheue davor zurück, mich ins Ungewisse zu stürzen. Neue, unbekannte Situationen machen mir oft Angst. Ich habe die Tendenz, mein Leben zu verplanen, anstatt offen die Dinge auf mich zukommen zu lassen. Doch immer wenn ich den Mut habe, Neues zu riskieren, geht es mir gut, dann freue ich mich. Wenn andere Menschen die Qualitäten des Narren unbeschwerter leben als ich, qualifiziere ich dieses Verhalten häufig als Leichtsinn, Unverantwortlichkeit und Oberflächlichkeit ab.

Geben Sie der Energie der gezogenen Karte, in unserem Beispiel dem Narren, während des bevorstehenden Tages einmal mehr Raum, als Sie es normalerweise tun würden. Sie sagen sich zum Beispiel: Heute ist der Tag des Narren in mir. Ich werde mir heute erlauben, spontaner und risikobereiter als sonst zu sein. Ich gebe meiner Verrücktheit, meinem Wunsch nach Abenteuer nach, handle, ohne mit dem Kopf vorher alles zehnmal geprüft zu haben. Ich experimentiere mit diesem Persönlichkeitsaspekt, ohne zu überlegen, was wohl passieren wird und was andere von mir denken.
- Wie geht es Ihnen damit?
- Fällt es Ihnen leicht oder schwer?

Vielleicht wollen Sie ja auch am Abend Ihre neuen Erfahrungen und Beobachtungen aufschreiben. Lassen Sie auf jeden Fall Ihre Karte während des ganzen Tages offen liegen, so daß Sie immer wieder daran erinnert werden und das Bild sich in Ihr Bewußtsein einprägt.

Wenn Sie diese Übung für einige Zeit konsequent durchführen, werden Sie ein umfassendes Verständnis der Tarotkarten erhalten und mit Sicherheit sich selbst und andere besser kennen und verstehen lernen.

Idealbild und Schatten

Lesen Sie sich die folgende Übung nur soweit durch, wie die Anweisungen gehen. Greifen Sie nicht voraus. Sie können alle Karten oder als einfachere Version nur die Großen Arkana (= 22 Trumpfkarten) verwenden.

Breiten Sie die Karten halbkreisförmig mit den Bildern nach oben vor sich aus. Suchen Sie sich jetzt möglichst spontan diejenige Karte heraus, die Ihnen vom Bild her am besten gefällt (= Karte Nr. 1). Legen Sie diese Karte zur Seite.

Wählen Sie jetzt als zweite Karte diejenige aus, die Ihnen am wenigsten gefällt.

Danach mischen Sie die Karten und legen sie wieder halbkreisförmig aus, diesmal jedoch mit verdeckten Bildern, und ziehen Sie zwei weitere Karten (= Karten Nr. 3 und 4). Ordnen Sie die Karten folgendermaßen an:

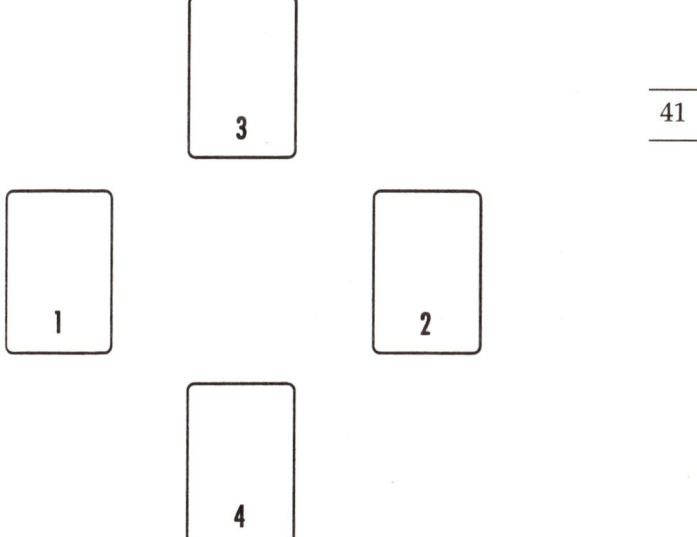

Lesen Sie bitte erst dann weiter, wenn Sie damit fertig sind!

Die erste Karte, die Ihnen am besten gefallen hat, steht für Ihr Idealbild, das heißt, so wie Sie sich selbst am liebsten sehen und auch von anderen Menschen gesehen werden wollen.

Die zweite Karte, die Ihnen am wenigsten gefallen hat, steht für Ihren Schatten. Darunter verstehe ich denjenigen Teil in Ihnen, den Sie ablehnen, den Sie nicht gerne an sich sehen und deshalb gerne unterdrücken und verstecken. Es ist Ihnen unangenehm, wenn andere diesen Teil von Ihnen sehen und Sie lehnen Menschen ab, die diese Züge in sich tragen.

Die dritte Karte weist auf Ihr Lebensziel hin.

Die vierte Karte symbolisiert den Weg, der Sie zu diesem Ziel führt.

Diese Übung, die am besten funktioniert, wenn Sie noch nicht wissen, wofür Sie die Karten ziehen, soll Ihnen Ihre Wertungen, Ihre Ideale und Schattenseiten deutlich machen. Es ist gut, einen kritischen Blick auf unsere Ideale zu werfen, zu sehen, woher sie kommen und wohin sie führen. Sie geben uns das Gefühl der Unvollkommenheit und sind uns hinderlich, uns in unserem momentanen Zustand zu akzeptieren. Wenn Sie zum Beispiel die Vorstellung haben, Sie sollten immer tapfer und stark sein und dann in eine Situation geraten, in der Sie Angst haben und feige sind, werden Sie sich sofort schlecht fühlen, weil Sie Ihrem Ideal nicht entsprechen. Doch nur im Annehmen und Verstehen unserer momentanen Realität liegt der Schlüssel zur Transformation verborgen.

Mit einem JA zu allem, was uns passiert, geben Sie sich unendliche Freiheit und innere Ruhe!

Verstehen Sie das Ziel (3. Karte) als grobe Ausrichtung in Ihrem Leben und nicht als ein neues Ideal, dem Sie hinterherjagen und dabei vergessen, den Moment zu genießen. Machen Sie sich abschließend den Weg bewußt, der Sie zu diesem Ziel führt (4. Karte).

Phantasiereise in die Karten

Lassen Sie uns nochmals davon ausgehen, daß die Tarot-Karten ein Bilderbuch über unser inneres Seelenleben sind. Jede Karte repräsentiert einen Teil von uns, auch wenn das manchmal auf den ersten Blick schwer zu erkennen ist. Es ist ein Teil, der uns etwas über unsere verborgenen Schätze erzählen kann und möchte.

Wählen Sie nun eine Karte aus, die Sie im Moment besonders beschäftigt, sei es Ihre Lieblingskarte oder eine Darstellung, die Sie eher verwirrt. Finden Sie eine für Sie bequeme Stellung, nehmen Sie die Karte in die Hände und lassen Sie Ihren Blick solange auf dem Bild ruhen, bis Sie es sich gut eingeprägt haben. Schließen Sie nun die Augen, entspannen Sie sich, indem Sie leicht und natürlich durch die Nase ein- und durch den Mund ausatmen. Lassen Sie nun vor Ihrem inneren Auge das Bild erscheinen, bringen Sie es mit jedem Atemzug näher zu sich heran, so daß es größer und größer wird.

Der nächste Schritt wird Ihnen am Anfang vielleicht schwierig erscheinen, doch mit einiger Übung wird es Ihnen leichter fallen: Treten Sie jetzt wie über eine Schwelle in die Karte hinein. Wandern Sie in Ihrer Phantasie auf der Wiese des Magiers, betreten Sie den Tempel der Hohepriesterin, versetzen Sie sich in die Lage des Gehängten usw. In welches Bild Sie auch immer gehen mögen, bewegen Sie sich frei wie in einem Abenteuerfilm, in dem Sie der Hauptdarsteller sind. Lassen Sie die Personen, Gegenstände oder Symbole auf der Karte zu sich sprechen ohne mit dem Verstand das Erlebte zu zensieren.

Vielleicht wollen Sie dem Eremiten, dem Magier oder den Liebenden eine Frage stellen, die Sie schon seit längerer Zeit beschäftigt. Die Botschaft, die Sie erhalten, mag nur ein Wort, ein Satz oder eine Geste sein. Sie mögen auch ein Geschenk bekommen.

Wenn Ihre Phantasiereise zu Ende ist, sollten Sie nicht zu plötzlich die Augen öffnen und aufspringen, sondern ganz behutsam ins Normalbewußtsein zurückkehren. Spulen Sie den oben beschriebenen Vorgang einfach langsam zurück. Lassen Sie das Bild mit ein paar tiefen Atemzügen gehen, öffnen Sie langsam die Augen und schütteln Sie sich oder stampfen Sie ein paarmal mit den Füßen auf den Boden. Schreiben Sie sich dann auf, was Sie erlebt haben und welche Botschaften Sie erhielten. Vielleicht wollen Sie die Reise anstatt alleine lieber mit einem Menschen Ihres Vertrauens machen, der Sie als passiver Zuhörer begleitet und dem Sie Ihre Erlebnisse erzählen.

Die Erkenntnisse, die Sie erhalten, sind wertvolle Hinweise Ihres Unterbewußtseins, die Ihnen in Ihrem Alltag eine enorme Hilfe sein können. Sie mögen zunächst nicht immer angenehm sein, vielleicht sogar schmerzhaft. Nicht umsonst wurden sie von uns über Jahre hinweg sorgfältig verdrängt. Lassen Sie sich Zeit, das Erlebte zu verdauen. Falls Sie Schwierigkeiten haben zu visualisieren, geben Sie nicht gleich auf. Auch kleine Hinweise sind wichtig. Ihr erwachsener Verstand mag zu Beginn Widerstände haben, doch mit einiger Übung werden Sie mehr und mehr Bilder entschlüsseln können.

Beispiel: Phantasiereise zur Hohepriesterin

Die HOHEPRIESTERIN

Bei ruhiger, meditativer Musik versenkt sich mein Blick in das Bild der Hohepriesterin. Dann schließe ich langsam die Augen. In meiner Phantasie hat mich ein Boot über das Wasser getragen und ich bin auf einer Insel gelandet, wo der Tempel der Hohepriesterin steht. Die Stille der Nacht umfängt mich, während ich langsam auf den Tempel zugehe. Und da sehe ich sie sitzen, in einem langen, fließenden Gewand, stolz und schön wie die Königin der Nacht. Sie strahlt Ruhe und Kraft aus, und tief in mir kann ich diesen Teil auch spüren.

Ich nehme ein paar tiefe Atemzüge und schaue ihr ins Gesicht. Sie lächelt mich an, ihre Augen strahlen Liebe aus. Jetzt winkt sie mir näherzukommen. »Endlich bist du da«, sagt sie. »Ich habe schon so lange auf dich gewartet! Warum bist du so spät gekommen?« »Ich hatte Angst vor dir«, antworte ich, »Angst vor der Nacht und Stille, die dich umgeben.« »Dabei sind gerade diese Qualitäten deine Stärke!« gibt sie lächelnd zurück. Ihr Blick hüllt mich in Vertrauen und in ein Verständnis, das jenseits des Verstandes liegt. Plötzlich bricht ein Weinen aus mir heraus. Tränen laufen meine Wangen herunter, Tränen der Freude über das Wiederfinden von etwas längst Vergessenem. Worte fehlen.

Ich bleibe noch lange sitzen und spüre mit den Tränen eine starke Kraft in mir aufsteigen, eine Ruhe und Gelassenheit. Irgendwann öffne ich wieder die Augen, die Hohepriesterin ist verschwunden, aber zurück bleibt ein tiefes Gefühl der Dankbarkeit.

Das Kind in mir

»Wir sind nicht eins, wir sind viele!« Wer von uns kennt nicht das Gefühl, daß mehrere verschiedene Persönlichkeiten in uns wohnen und manchmal sogar miteinander kämpfen? Nicht selten treten Probleme in unserem Erwachsenenleben auf, weil wir im Lauf der Jahre verschiedene unerwünschte Teile unserer Persönlichkeit abgespalten haben, die sich dann zu »inneren Figuren« verselbständigen.

Eine der wichtigsten Figuren ist das »innere Kind«. In jedem von uns sitzt ein Kind wie es damals mit drei oder vier Jahren war, wild, trotzig, neugierig, offen, und verletzbar, einsam, überbehütet oder vernachlässigt, wohl nur in den seltensten Fällen wirklich glücklich. Die Rolle der Eltern, Lehrer und Priester, die sicher nicht in böser Absicht, aber dennoch dem Kind Verletzungen zufügten und seine Energien unterdrückten, diese Rolle haben wir später selbst übernommen. Obwohl dieses innere Kind zu uns durch unseren Körper, unsere Träume und unsere Gefühle spricht, wird es von unserem erwachsenen Intellekt nur allzu häufig mißachtet und zur Seite geschoben.

Wenn wir keinen Zugang zu dem Kind in uns haben, uns nicht bewußt sind, was seine Wünsche und Bedürfnisse sind, so wird es permanent unser Handeln als Erwachsene sabotieren. Der 35jährige möchte zum Beispiel das Rauchen aufgeben, doch das Kind macht bei jedem Entwöhnungsversuch einen Strich durch die Rechnung. Es ist immer das Kind in uns, das Einwände findet, Entscheidungen herausschiebt, Angst vor einer neuen Situation (keine Zigaretten mehr haben) hat. Wo uns Erwachsenen rationale Erklärungen für ein Verhalten fehlen, hat immer das Kind in uns seine Hand im Spiel.

Die folgende Übung soll Sie wieder mit Ihrem »inneren Kind« in Kontakt bringen. Vielleicht haben Sie Angst, Ihr Leben könnte total aus den Fugen geraten, wenn Sie »kindischer« oder »kindlicher« würden. Doch nur wenn Sie Freundschaft mit Ihrem inneren Kind schließen, es aus dem Schattendasein befreien, wird es seine positiven Qualitäten entfalten, anstatt Ihr Leben zu behindern. Schließen Sie zunächst die Augen, gehen Sie in Ihrer Vorstellung zurück in Ihre Kindheit und lassen Sie Bilder von damals vor Ihrem inneren Auge entstehen.

- Was ist das früheste Erlebnis an das Sie sich erinnern können?
- Wer war der Mensch, zu dem Sie am meisten Vertrauen hatten?
- Wie haben Sie Ihre Kindergartenzeit, Ihre ersten Schuljahre erlebt?
- Mit welchem Grundgefühl ging das Kind von damals durchs Leben?
- War es Freude, kindliche Abenteuerlust oder Angst?

Lassen Sie sich Zeit, Erlebnisse von damals noch einmal Wirklichkeit zu werden. Öffnen Sie dann wieder Ihre Augen, atmen Sie ein paarmal tief ein und ziehen Sie folgende Karten:

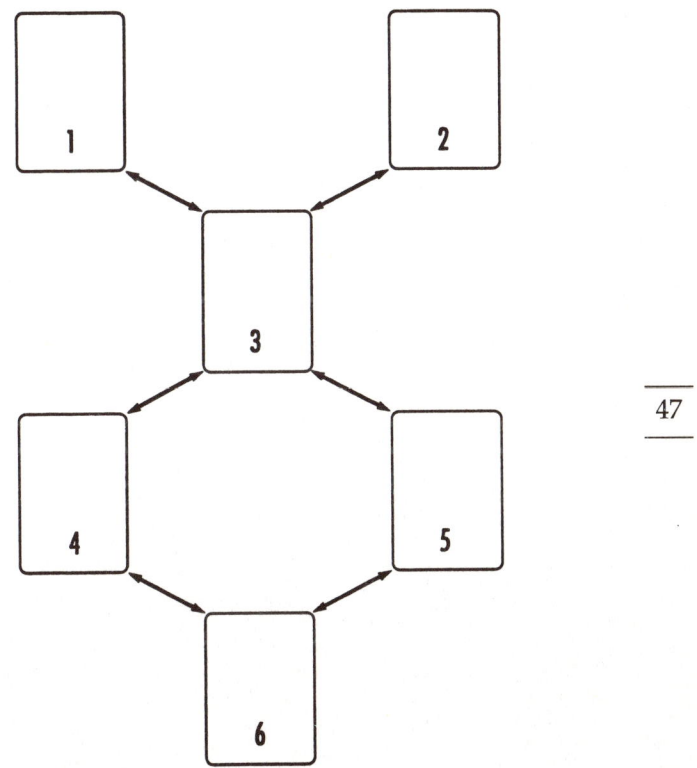

1 = mein inneres Kind
2 = mein Erwachsener
    Die ersten beiden Karten können Sie auch durch Betrachten der Bilder aussuchen, also nicht verdeckt.

3 = die Beziehung zwischen meinem Kind und meinem Erwachsenen
4 = Was wünscht sich mein Kind?
5 = Was will der Erwachsene?
6 = Wie können sich die beiden einigen?

Falls Sie Ihr Kind und Ihren Erwachsenen zu einem bestimmten Problem befragen wollen, empfehle ich folgenden Dialog:

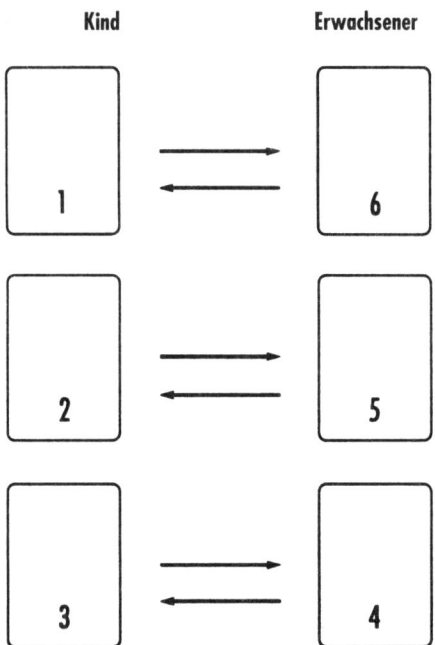

Die Karten 1, 3, 5 usw. stehen für die Aussagen des Kindes, die Karten 2, 4, 6 usw. für die Aussagen des Erwachsenen. Lassen Sie die beiden in der Ich-Form miteinander sprechen und ihre Gefühle ausdrücken. Führen Sie den Dialog so lange fort, bis Sie eine Einigung gefunden haben.

Es empfiehlt sich, diese Übung mit einem Menschen Ihres Vertrauens, einem Freund, Therapeuten oder erfahrenen Tarotspieler durchzuführen.

Achten Sie in der darauffolgenden Zeit auf Träume, in denen ein Kind auftaucht!

Das Lebensthema finden

Jeder Mensch hat aufgrund seiner Familienstruktur in seinem Leben eine vorrangige Problematik, die immer wiederkehrt. Nicht selten habe ich in Tarotsitzungen Menschen getroffen, die mir verzweifelt berichteten, daß mit jedem Partner nach der anfänglichen Begeisterung die gleichen Schwierigkeiten auftauchten und sie nicht wüßten, wie sie diese lösen sollten. Das mag zum Beispiel die Tendenz, einerseits symbiotisch mit einem Partner zusammenleben zu wollen, auf der anderen Seite ein starker Freiheitsdrang sein. Diese gegensätzlichen Tendenzen erzeugen zwangsläufig eine Spannung, egal ob dieser Mensch allein oder in einer Beziehung ist. Oder ein Mensch sucht materielle Sicherheit und ist nicht risikofreudig, möchte aber einen selbständigen Beruf ausüben, der ihm größtmögliches Alleinarbeiten bietet. Beide Teile wollen ihren Platz, sind aber aufgrund ihrer Gegensätzlichkeit schwer in Einklang zu bringen.

Die folgende Übung soll helfen, Ihr Lebensthema zu finden und Möglichkeiten der Bewältigung aufzeigen. Suchen Sie sich aus Ihrem Fotoalbum vier bis sechs Fotos aus verschiedenen Lebensphasen: Kleinkind, Schulkind, Jugendlicher, Erwachsener usw. Die Fotos sollten möglichst typisch für Ihre damalige Lebenssituation sein. Legen Sie die Fotos vor sich aus und sehen Sie diese in Ruhe an. Widmen Sie sich jetzt im besonderen dem ersten Foto. Gehen Sie mit Ihren Gedanken nochmals in die Zeit als Kleinkind zurück. Lassen Sie die Erinnerungen an damals wie einen Film an sich vorüberziehen:

- Welche einschneidenden Erlebnisse gab es?
- Wie fühlte ich mich zu der Zeit?
- Wer war meine wichtigste Bezugsperson?
- Welchen Einfluß hat die Zeit damals auf mein Leben heute?

Ziehen Sie nun eine Tarotkarte zu der Zeit als Kleinkind. Verfahren Sie dann in gleicher Weise mit den übrigen Fotos. Sie haben nun vier bis sechs Tarotkarten zu den verschiedenen Lebensphasen vor sich liegen. Stellen Sie sich nun folgende Fragen:

- Welche Gemeinsamkeiten gibt es zwischen den einzelnen Bildern und Karten?
- Welches problematische Lebensthema ergibt sich daraus?
- Welche Widersprüchlichkeiten sind da?
- Wie wird mein Leben heute davon beeinflußt?

Falls Sie Schwierigkeiten haben, die Fragen für sich allein zu beantworten, besprechen Sie sich mit einem Freund oder einer Freundin. Ziehen Sie abschließend eine Karte (Nr. 7) mit der Frage:

- Was hilft mir, mein Lebensthema zu bewältigen?

Das Legesystem sieht nun folgendermaßen aus:

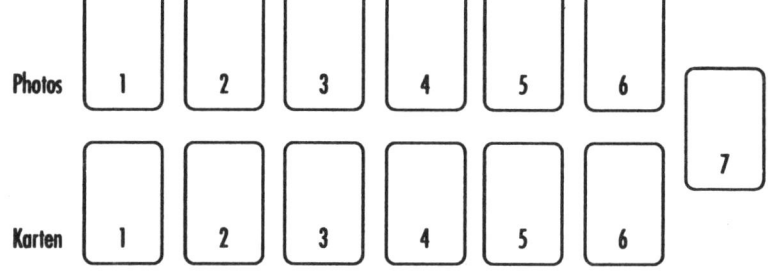

Ein Rat zum Schluß der Übung: Versuchen Sie, Ihre Probleme nicht zu ernst zu nehmen und sich nicht zu sehr mit Ihnen zu identifizieren! Vielleicht gelingt es Ihnen ja, darüber zu schmunzeln und sie als Herausforderung zu sehen.

Affirmationen

Schon vor über zweieinhalbtausend Jahren wurde, so ist es uns aus der buddhistischen Schrift »Dhammapada« überliefert, erkannt: »Alle Dinge gehen vom Geist aus.« Jeder Mensch denkt ca. 50000 Gedanken pro Tag. Nur wenige davon sind bewußt und häufig richtet sich das, was wir denken, gegen uns selbst oder andere. Unsere Gedanken und Glaubenssysteme haben eine immense Macht. Sie erzeugen unsere Wirklichkeit. Deshalb passieren die Dinge häufig nicht, wie wir sie uns wünschen, sondern wie wir sie glauben. Halten wir an Haß, Angst, Kampf, Neid usw. fest, so bekommen wir als Ergebnis Feindschaft, Unglück, Streß, Armut und Krankheit. Wenn Liebe, Freude, Unterstützung und Frieden unser Gedankengut bestimmen, so werden wir Wohlstand, Freundschaft, Gesundheit und Glück erleben. Nur wenn wir bereit sind, alte Negativerfahrungen und Überzeugungen loszulassen, werden wir die Welt mit anderen Augen sehen können und damit im Hier und Jetzt ein erfülltes Leben führen.

Unser Verstand ist darauf trainiert, in allem das Negative zu sehen. Kritisch, zweifelnd und urteilend zu sein wird nicht selten als Zeichen der Intelligenz gewertet. Negativität ist uns so in Fleisch und Blut übergegangen, daß wir sie häufig gar nicht mehr bemerken, sondern als Normalzustand ansehen. Und so wundern wir uns, wenn unerfreuliche Dinge in unserem Leben auftauchen. Wir geben anderen dafür die Schuld anstatt zu sehen, wie wir sie kreiert haben.

Unsere Wissenschaft basiert auf dem Gesetz von Ursache und Wirkung: Nehmen wir einmal an, ein geliebter Mensch hat angerufen und Sie sind glücklich. Der Anruf Ihres Freundes ist die Ursache, die Wirkung ist, daß Sie glücklich sind. Das erscheint uns logisch. Es gibt jedoch noch ein viel tieferes Geheimnis, nämlich die Umkehr von Ursache und Wirkung. Um das an unserem Beispiel zu erklären: Seien Sie glücklich, und der geliebte Mensch wird anrufen. Durch diese Gesetzmäßigkeit machen Sie Ihr Wohlbefinden nicht mehr von anderen abhängig, sondern Sie werden zum Meister Ihres Lebens. Seien Sie glücklich, und andere Menschen werden Ihnen mit Freude und Liebe begegnen! Seien Sie glücklich, und Geld wird Ihnen zufließen! Seien Sie glücklich, und Sie werden Gesundheit und Wohlbefinden erfahren!

Es gibt viele Methoden, um negative, hinderliche Gedankenmuster zu verändern. Eine Möglichkeit davon ist das Affirmieren. Affirmation heißt Bekräftigung. Sie lenken Ihre Aufmerksamkeit auf das Positive in den Dingen. Dabei geht es nicht darum, die Welt scheinheilig durch die rosa Brille zu sehen. Für mich ist die Technik des Affirmierens ein Trick, um aufmerksam zu werden, welche Zweifel und Einwände mein Verstand hat, das Leben voll zu genießen und mein Potential auszuschöpfen. Und indem ich aufmerksam werde auf die hinderlichen Gedankenmuster, kann ich sie auch verändern.

Die Tarotkarten mit ihren archetypischen Bildern können Ihnen eine große Hilfe sein, falls Sie wissen wollen, welche Glaubenssätze Ihnen in Ihrem Leben hinderlich sind: Sei es in einer bestimmten Situation, gegenüber einem bestimmten Menschen oder einfach sich selbst gegenüber.

Folgende Fragen können Sie stellen, wenn Sie Schwierigkeiten in einer bestimmten Situation haben:

- Welcher negative Glaubenssatz ist mir hinderlich?
- Was in mir erschwert die Kommunikation mit einer bestimmten Person?
- Was denke ich über mich?

Sätze, die Sie mit Hilfe der Karten herausfinden, könnten etwa folgendermaßen lauten:

»Ich kann nicht...,
ich bin nicht attraktiv oder intelligent genug...,
es hat sowieso alles keinen Sinn...,
keiner mag mich..., das gibt doch nur Schwierigkeiten...,
wenn ich sage, was ich denke, verliere ich meine Arbeit...«
usw.

Beobachten Sie Ihre negativen Gedanken ganz genau und fragen Sie sich, woher sie kommen. Wer hat diese oder ähnliche Dinge früher in Ihrem Leben zu Ihnen gesagt?

Beispiel:

Der HERRSCHER

Sie fühlen sich in Ihrer Arbeit überfordert und von Ihren Kollegen im Stich gelassen. Nun befragen Sie die Karten, woran das liegen mag. Sie ziehen den Herrscher. Spontan kommt Ihnen der Satz: »Ich muß immer stark sein, damit ich von anderen anerkannt und geliebt werde.« Versuchen Sie nun als nächsten Schritt eine positive Affirmation zu finden, zum Beispiel: »Ich bin liebenswert, wenn ich um Hilfe bitte.« Oder: »Durch meinen Hilferuf schaffe ich Gemeinschaft mit anderen Menschen.« »Ich kann stark sein und um Hilfe bitten.«

Folgende Regeln gelten für die Formulierung von Affirmationen:

1. Formulieren Sie Ihre Aussagen persönlich: »Ich... bin...«
2. Die Aussage sollte positiv formuliert sein.
3. Schreiben Sie Ihre Affirmationen in der Gegenwart und so, als ob sie bereits real sind: »Ich bin..., Ich kann...«
4. Stellen Sie keine Vergleiche an: »Ich bin besser als...«
5. Gebrauchen Sie streßfreie Aktionswörter wie: »Ich... gerne...« oder: »Ich... schnell und mühelos...«
6. Formulieren Sie die Aussage so genau wie möglich.
7. Benützen Sie Wörter, die Gefühle auslösen: »Ich habe Spaß daran...«
8. Die Affirmationen sollen glaubhaft und erreichbar für Sie sein.

Zusammenfassend möchte ich nochmals die einzelnen Schritte aufführen, wie Sie Tarotkarten und Affirmationen miteinander verknüpfen können:
1. Ziehen Sie eine Karte zu der für Sie problematischen Situation.
2. Formulieren Sie bei der Betrachtung des Bildes möglichst spontan einen oder mehrere negative, Ihnen in dieser Situation hinderliche Glaubenssätze.

3. Fragen Sie sich, woher dieser negative Glaubenssatz kommt.
4. Finden Sie nun eine positive Affirmation.
5. Sagen Sie sich in nächster Zeit immer wieder Ihre Affirmation vor (besser ist es noch, Sie schreiben diesen Satz).
6. Stellen Sie Ihren »inneren Wecker« ein, der klingeln soll, wenn Ihnen Ihre negativen Gedanken wieder in die Quere kommen.
7. Beobachten Sie diese einfach, ohne sich selbst dafür zu verurteilen.
8. Lenken Sie Ihre Aufmerksamkeit so häufig wie möglich auf Ihre Affirmation. Achten Sie dabei auf Ihre Gefühle.
9. Spielen Sie mit Ihrem Potential! Probieren Sie in kleinen Schritten neue Verhaltensweisen aus! Irgendwann werden Sie Ihnen selbstverständlich werden.

Eine weitere Möglichkeit ist es, für jede Tarotkarte, die Sie ziehen, eine Affirmation zu finden. Ich möchte Ihnen am Beispiel der 22 Großen Arkana-Karten erläutern, wie diese Affirmationen lauten könnten.

0   Der Narr
Ich genieße den Moment voll und ganz.
Meine Lebendigkeit macht mich schön.

1   Der Magier
Ich habe alle schöpferischen Möglichkeiten zur Verfügung.
Ich übernehme Verantwortung für mein Leben.

2   Die Hohepriesterin
Ich vertraue meiner Intuition.
Ich akzeptiere und genieße die dunklen und weiblichen Anteile in mir.

3   Die Herrscherin (Kaiserin)
Ich erlebe Harmonie und Schönheit.
Ich schenke der mütterlichen Seite in mir mehr Aufmerksamkeit.

4   Der Herrscher (Kaiser)
Ich genieße meine männliche Stärke und Kraft.
Ich bin der Herr in meinem Leben.

5 Der Hohepriester
Ich vertraue und folge meinem inneren Führer.
Ich lasse ihn in jeder Situation meines Lebens mein Meister sein.
Es macht mir Freude, von anderen zu lernen.

6 Die Liebenden
Ich liebe mich so wie ich bin.
Meine Liebe zu mir selbst macht mich offen für eine erfüllte Partnerschaft.

7 Der Wagen
Ich übernehme Verantwortung für mein Leben.
Mit Ruhe und Ausgeglichenheit erledige ich meine alltäglichen Dinge.

8 Die Kraft (je nach Deck auch Nr. 11 Lust)
Ich liebe meinen Körper, meine Sexualität und meine Lebenslust.
Ich genieße das Leben in vollen Zügen.

9 Der Eremit
Mein Alleinsein gibt mir Kraft und Freude.
Mein Alleinsein ist ebenso wertvoll wie die Begegnung mit anderen Menschen.

10 Das Schicksalsrad (Das Glück)
Ich liebe die Abwechslungen in meinem Leben.
Ich öffne mich für neue Dinge in meinem Leben.
Höhen und Tiefen machen mein Leben spannend und immer wieder neu.

11 Die Gerechtigkeit (Die Ausgleichung)
Ich handle aus meiner Mitte heraus.
Ich verzeihe mir für das Unrecht, das ich mir und anderen angetan habe.

12 Der Gehängte
Ich erlaube mir loszulassen.
Ich akzeptiere mein Leben so wie es ist.
Ich sehe alles mit neuen Augen.

13   Der Tod
Ich lasse die Vergangenheit los.
Ich öffne mich für Neues in meinem Leben.
Jeder Tod ist eine Wiedergeburt.
Freudig gebe ich mich dem Fluß des Lebens hin.

14   Die Mäßigkeit (Die Kunst)
Ich genieße die Ruhe und Harmonie in meinem Leben.
Ich öffne mich meiner Kreativität und schöpferischen Energie.

15   Der Teufel
Es macht mir Freude, meine verborgenen Seiten ans Licht zu
holen.
Ich akzeptiere den »Teufel« in mir.

16   Der Turm
Ich lasse alles, was mein Leben begrenzt, los.
Ich erlaube mir, starken Gefühlen Raum zu geben.

17   Der Stern
Ich erkenne das Göttliche in mir.
Geben und Nehmen sind in mir im Einklang.

18   Der Mond
Ich öffne mich der Dunkelheit in mir.
Ich achte auf meine Träume.

Aus meiner Meditation schöpfe ich neue Kraft und Inspiration.

19   Die Sonne
Ich mache mein ganzes Leben zu einer Feier.
Ich liebe das Kind in mir.

20   Das Gericht (Das Äon)
Ich öffne mich einer neuen »Ein-Sicht«.
Meine Offenheit macht mich schön.
Ich weiß, daß ich nichts weiß.

21   Die Welt (Das Universum)
Ich bin eins mit allem.
Ich freue mich, daß ich lebe.

Die vorangegangenen Affirmationsvorschläge sollen Sie ermutigen, sich Ihre eigenen Affirmationen zu kreieren und mit ihnen in Ihrem Alltag zu experimentieren. Sie haben die Wahl, ein Glas halb voll oder halb leer zu sehen! Affirmationen können Ihnen helfen, vom einseitigen Negativdenken wegzukommen. Letztendlich ist es jedoch unwesentlich, ob wir die Dinge positiv oder negativ betrachten. Wenn wir, und sei es nur für einen kurzen Moment, die Realität so sehen können, wie sie wirklich ist, ohne unser Urteil, mit wachen, kindlichen Augen, dann tauchen wir ein in eine neue Dimension des Verstehens, in der Urteile völlig belanglos sind. Unsere Sprache drückt dies so schön in dem Wort »Einsicht« aus, eine Sicht von den Dringen zu erlangen und damit zu akzeptieren, was auch immer der Moment mit sich bringen mag.

Die Nacht- oder Traumkarte

Während Sie mit Ihrer Tageskarte Ihren Alltag ganz bewußt durchleuchten und aufarbeiten können, so kann Ihnen die Nacht- oder Traumkarte helfen, während des Schlafes ohne Ihr Tun in Ihrem Unterbewußtsein zu wirken. In unseren Träumen kämpfen wir mit Dämonen und Geistern, erleben sexuelle Abenteuer, die wir uns in unserem Wachbewußtsein nie zugestehen würden, treffen längst vergessene Bekannte und Freunden wieder. Träume sind von immenser Bedeutung, denn sie unterstützen unsere Psyche bei der Aufarbeitung nichtbewältigter Tagesreste. Häufig erinnern wir uns morgens, wenn überhaupt, nur an Bruchstücke. Das sollte nicht negativ bewertet werden, denn unser Unterbewußtsein hat eine Schutzfunktion. Wäre uns auf einen Schlag alles bewußt, so wäre unsere Psyche sicherlich überlastet. Überlassen Sie es also Ihrem Unterbewußtsein, Ihnen das zu enthüllen, was Sie in Ihrer jetzigen Situation auch wirklich verarbeiten können.

Ziehen Sie abends, bevor Sie zu Bett gehen, eine Karte. Sie können stattdessen auch die Tageskarte hernehmen. Stellen Sie diese Karte auf Ihren Nachttisch und betrachten Sie das Bild so lange, bis Sie es sich gut eingeprägt haben. Löschen Sie dann das Licht, schließen Sie die Augen und stellen Sie sich die Karte in allen Einzelheiten vor. Visualisieren Sie nun ein großes, tiefes Wasser, den Ozean Ihres Unterbewußtseins. Lassen Sie mit jedem Ausatmen die Karte ganz langsam in diesen Ozean eintauchen und darin verschwinden. Ganz allmählich verliert sich das Bild aus Ihren Augen, während Sie in den Schlaf sinken. Vertrauen Sie Ihrem Unterbewußtsein, daß es nun in Ihren Träumen für Sie wirkt und arbeitet. Legen Sie sich Schreibzeug oder ein Diktiergerät ans Bett, falls Sie sich beim Aufwachen in der Nacht oder morgens an Ihre Träume erinnern können. Setzen Sie sich jedoch nicht unter Druck, lassen Sie geschehen, was geschehen will. Zwingen Sie sich zu nichts. Ihr Unterbewußtsein weiß besser als Sie, welche Botschaften es Ihrem Bewußtsein zumuten kann.

Tarottagebuch

Sie sind ein(e) passionierte(r) Tagebuchschreiber(in)? Oder Sie erinnern sich daran, daß Ihnen als Teenager Ihr Tagebuch oft der einzige Freund war, dem Sie all Ihre Sorgen und Nöte anvertrauen konnten? Vielleicht bekommen Sie jetzt wieder Lust, es neu mit einem Tarottagebuch zu versuchen. Diese Übung verbindet das Schreiben eines Tagebuches mit der Entdeckung des Tarot. Durch das Aufschreiben werden Sie sich vieler Dinge klarer. Es ist wie ein Gespräch mit einem guten Freund, Ihrem besten Freund, mit Ihnen selbst.

Was unterscheidet ein Tarottagebuch von einem normalen Tagebuch? Natürlich schreiben Sie in dieses Tagebuch auch, was Sie im Moment beschäftigt. Ergänzend kommt jedoch hinzu, daß Sie sich notieren, welche Karten Sie in Ihrer momentanen Situation als Antwort auf Ihre Fragen ziehen, was Sie daraus erkennen können und wie Sie mit diesen Erkenntnissen Ihren Alltag neu erleben. Integrieren Sie die in den vorausgegangenen Kapiteln beschriebenen Übungen in Ihr Tarottagebuch.

Ich habe in verschiedenen Lebensphasen interessanterweise immer wieder die gleichen Karten gezogen, so oft, daß es mir fast unheimlich wurde. So habe ich in einem Abschnitt großer, teilweise schmerzhafter Veränderung ständig den »Tod« erhalten.

Meiner Meinung nach gibt es keine Zufälle im Leben. Mir fällt immer genau das zu, was nötig ist, damit ich wachsen kann oder auf meinem Lebensweg weiterkomme. Ziehe ich Aggressionen an, so sind diese auch in mir. Ziehe ich Liebe an, ist diese Liebe auch in mir. Ich bin der festen Überzeugung, daß es so etwas wie einen unsichtbaren Faden zwischen mir und der Karte gibt, die ich in Händen halte. Zu oft haben mich die Tarotkarten mit Ihrer Treffsicherheit verblüfft. Vielleicht wird es der Wissenschaft irgendwann in der Zukunft gelingen, diese uns jetzt noch verborgenen Energien zu entdecken und meßbar zu machen.

Wenn Sie über einen längeren Zeitraum hinweg ein Tarottagebuch führen, werden Sie feststellen, daß Sie bestimmte Karten häufig und manche so gut wie nie ziehen. Sie werden auch bemerken, daß sich Ihre Einstellung zu einer bestimmten Karte mit der Zeit verändert. Anfangs mochten Sie die Karte vielleicht nicht, jetzt ist sie Ihnen ein vertrauter Freund geworden, der Ihnen eine wichtige Botschaft zu vermitteln hat.

Kapitel 3

Reiseführer durch die Karten

Tarot ist ein Buch voller Geheimnisse. Die Blätter des Buches sind lose und können doch jederzeit wieder in verschiedenen Formen zu einem neuen Ganzen zusammengefügt werden. So entsteht ein Reiseführer durch die Landschaft unserer Psyche. Viele verschiedene Pfade sind möglich und für jeden Menschen führt ein anderer zum Ziel. Es gilt, zu uns selbst zurückzufinden, zu unserer Individualität, der uns angeborenen Einzigartigkeit, unabhängig von gesellschaftlichen und religiösen Einflüssen. Festgelegte Normen, Verhaltensregeln und Moralvorschriften sind uns dabei nur im Weg. Jeder von uns muß seinen Weg selbst herausfinden, durch Irrungen und Wirrungen gehen, um Klarheit zu erhalten. Doch nur durch Irrwege und Fehler lernen wir, das für uns Richtige vom Falschen zu trennen.

Im folgenden Kapitel möchte ich Ihnen verschiedene Pfade durch das Tarot vorstellen, die sich durch verschiedene Anordnungen der Karten ergeben. Neue, interessante Querverbindungen werden vor unseren Augen entstehen und unser Leben wird sich als Abfolge von Gesetzmäßigkeiten offenbaren. Wir können uns diesen Gesetzen widersetzen oder uns dafür entscheiden, uns vom Strom des Lebens tragen zu lassen. Fragen Sie sich, auf welchem Pfad Sie sich gerade befinden, ob es für Sie der richtige ist und welcher Schritt als nächstes für Sie ansteht (siehe auch Kapitel »Numerologie«).

Pfade durch die Großen Arkana

Die 78 Karten des Tarotspiels werden in zwei Hauptgruppen gegliedert, die 22 Großen Arkana und die 56 Kleinen Arkana, die sich wiederum in 16 Hofkarten und 4 mal 10 Zahlenkarten unterteilen. Die Großen Arkana oder 22 Trumpfkarten offenbaren uns die grundsätzlichen Themen unseres Lebens. Sie sind unser psychisches Erbe. Unabhängig von Kultur und Zeitalter haben die Menschen von den Archetypen MUTTER, VATER, TEU-

FEL, WEISER, MAGIER usw. in ihren Geschichten erzählt und sie in ihren Liedern besungen. Ihre Numerierung ist nicht zufällig, sie spiegelt die Reise des Helden zu seiner Vervollkommnung wider. Dabei steht der »Narr« mit der Numerierung »0« sowohl am Anfang, als auch am Ende der Reise und umfaßt damit alle anderen Karten.

Legen Sie nun die Großen Arkana in drei Reihen wie in der Abbildung unten vor sich aus. Verschiedene Lebensabschnitte, Lektionen oder Herausforderungen werden so deutlich:

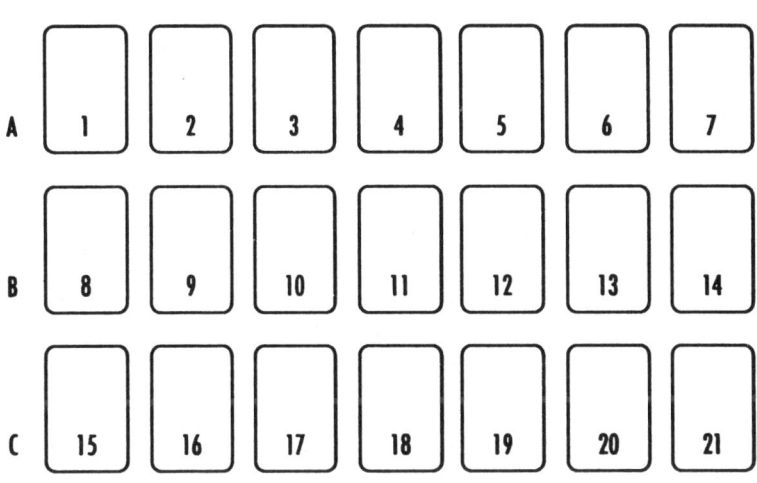

63

A = **Der Pfad der Anpassung**
(Jahre der Persönlichkeitsbildung)

1 Magier
Ich werde mir meiner selbst bewußt, alle Möglichkeiten stehen mir offen, ich entdecke meine Willenskraft, Aktivität, Kreativität – männliches Prinzip.

2 Hohepriesterin
Ich entdecke die Welt der Dualität, es gibt noch andere Menschen außer mir, ich entdecke meine Weiblichkeit, Intuition, Passivität – weibliches Prinzip.

3 Herrscherin
2 + 1 = 3, ich setze mich mit meiner Mutter auseinander, entdecke meinen Körper, meine Sinnlichkeit und Sexualität, meine weibliche Stärke.

4 Herrscher
Ich begegne meinem Vater, seiner Autorität, erkenne die Macht des Verstandes, die Welt der Regeln, Gesetze und deren Stabilität.

5 Hoherpriester
Ich lerne, habe Lehrer. Schule und Kirche wollen mich ihren Wert- und Glaubenssystemen anpassen.

6 Die Liebenden
Ich entdecke die Liebe, finde einen Partner und löse mich vom Elternhaus.

7 Wagenlenker
Nun habe ich meinen Platz in der Gesellschaft gefunden, habe eine Familie gegründet, bin beruflich erfolgreich, ich habe meinen »Wagen« in der Hand, meine Persönlichkeit ist voll entwickelt.

B = **Der Weg des Erwachens**
(Jahre der Veränderung, der Transformation)

8 Ausgleichung
Ich frage mich: Was habe ich bisher aus meinem Leben gemacht? Ist das wirklich alles, was es im Leben gibt? Extreme werden ins Gleichgewicht gebracht, Entscheidungen neu getroffen.

9 Eremit
Ich ziehe mich aus der Welt zurück mit der Frage: Wer bin ich? Ich suche nach der Wahrheit, besinne mich auf mich selbst.

10 Lebensrad
Ich erkenne, wie sehr ich dem »Auf und Ab« in meinem Leben ausgeliefert bin, versuche, zum Beobachter des Lebensrades zu werden und in meine Mitte zu kommen.

11 Lebenslust
Ich werde mir der verschiedenen Teile in mir bewußt, versuche, Masken und Rollen fallen zu lassen. Ich akzeptiere meine »animalische« Seite und lebe meine Energie uneingeschränkt.

12 Gehängter
So wie ich die Welt bisher gesehen habe, wird sie mir zum Gefängnis. Ich bemühe mich um eine neue Sichtweise der Dinge, stelle alles auf den Kopf, durchbreche alte Muster durch Hingabe und Annehmen.

13 Tod
Ich lasse los von allem, was für mich nicht mehr stimmt und was mich behindert. Wenn ich weiter daran festhalte, tut es weh und ich verletze mich selbst damit. Ein Neubeginn steht an.

14 Kunst
Nach der Zeit großer äußerer Veränderungen vermeide ich jetzt Extreme. Ich muß das rechte Maß finden, achte darauf, meine männliche und weibliche Seite auszubalancieren.

C = **Der spirituelle Weg**
   (Der Weg der Transzendenz)

65

15 Teufel
Da sitzt doch ein Teufel in mir! Ich werde mir meiner Schattenanteile, Wertungen und Abhängigkeiten bewußt und freunde mich humorvoll mit ihnen an.

16 Turm
Meine ganze Welt bricht zusammen. Alles, womit ich mich identifiziert habe, entgleitet mir. Ich weiß nicht mehr, wer ich bin.

17   Stern
Nach dem Zusammensturz des Turms werde ich mir meiner eigenen unbegrenzten Möglichkeiten bewußt. Ich erkenne, daß ich ein göttliches Wesen bin, gewinne Vertrauen in die Existenz.

18   Mond
Ich trete heraus aus der Unbewußtheit, vertraue meiner Intuition, habe keine Angst mehr vor der Nacht in mir.

19   Sonne
Ich finde wieder Zugang zu dem unschuldigen Kind in mir, zur Freude, stehe in Verbindung mit der kosmischen Energie.

20   Aeon (Gericht)
Ich habe neue Ein-Sichten gewonnen, ich höre auf zu werten und zu urteilen.

21   Universum (Welt)
Ich sprenge alle meine Begrenzungen und kann jetzt all-eins-sein. Ich bin angekommen, wo ich schon immer war.

Betrachten Sie die drei Bildreihen in Ruhe und fragen Sie sich, wo und auf welchem Pfad Sie sich gerade befinden. Erkennen Sie, welche Schritte Sie bereits hinter sich gebracht haben und welche Herausforderung als nächstes für Sie ansteht. Bedauern Sie sich nicht, wenn Sie bereits Erfahrungen auf dem dritten Pfad gesammelt haben und dann wieder ganz an den Anfang zurückgeworfen wurden. Jede Phase der Reise zu uns selbst muß akzeptiert werden, nur dann kann die nächste Lektion gelernt werden. Lassen Sie uns wegkommen von dem erniedrigenden Konkurrenzdenken »Ich bin weiter und besser als du«. Es ist so anstrengend, wenn man einen Vorsprung erarbeiten und halten will. Wir sind alle Reisegefährten auf dem Weg zu uns selbst. Vergessen wir nicht: Der Weg ist das Ziel!

Die folgenden Auslegemöglichkeiten möchte ich Ihnen kommentarlos vorstellen. Völlig neue Aspekte ergeben sich dadurch und es ist lohnenswert, darüber zu meditieren.

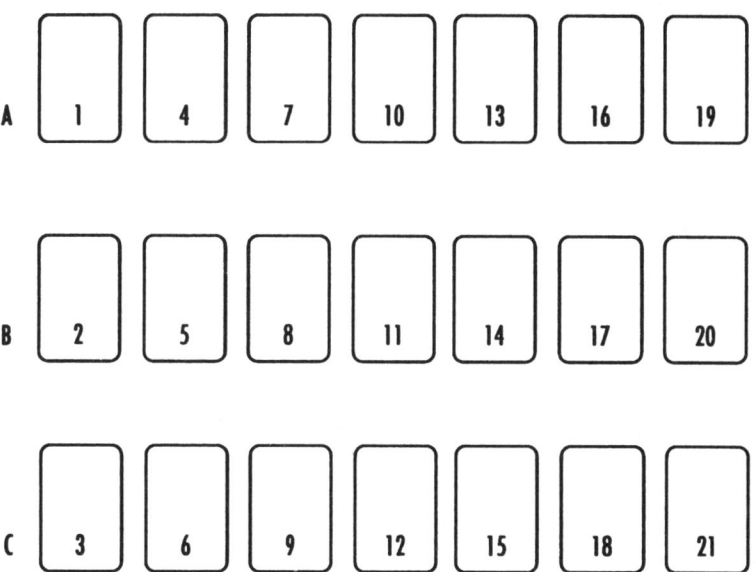

A = Der männliche, aktive Weg
B = Der weibliche, passiv-rezeptive Weg
C = Der Weg der Liebe, Hingabe

Die vier spirituellen Wege

1. Weg des Ausgleichs

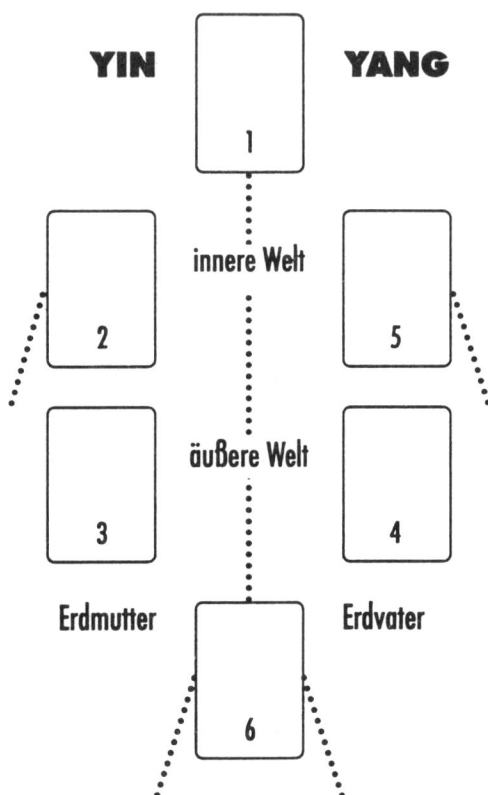

2. Weg des Lebens, der Lektionen und Gelegenheiten

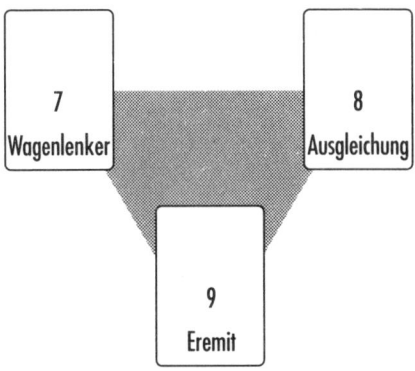

Vollendung erlaubt Durchbruch, Neubeginn

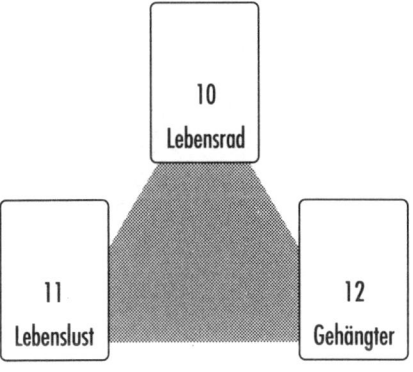

3. Weg des Todes, der Transformation und Wiedergeburt

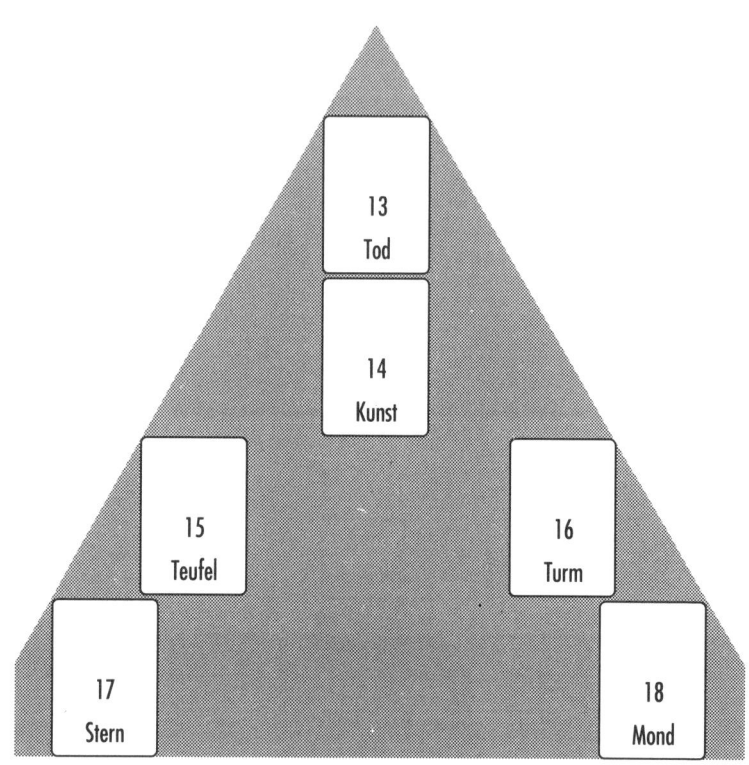

4. Weg der Verwirklichung

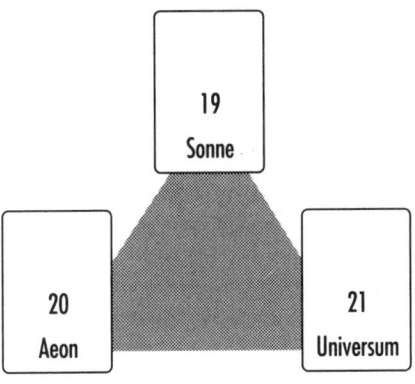

Pfade durch die Kleinen Arkana

Die Zahlenkarten der Kleinen Arkana repräsentieren Situationen oder Ereignisse in unserem Leben. Sie werden in Gruppen von vier Symbolen unterteilt: Schwerter, Stäbe, Kelche und Münzen oder Scheiben. Jedes Symbol repräsentiert ein bestimmtes Element:

1. Schwerter: Element Luft
   Sie repräsentieren unseren Geist, unseren Verstand, Gedanken und Ideen. Kampf ist in ihnen enthalten, aber auch Klarheit.
2. Stäbe: Element Feuer
   Sie sind Sinnbild unserer Lebensenergie, von Wille, Gestaltungskraft, Tatendrang, Kreativität und Wachstum.
3. Kelche: Element Wasser
   Kelche sind Ausdruck unserer Gefühle, für Herzensangelegenheiten, Liebe und Kummer.
4. Münzen: Element Erde
   Die Münzen haben mit Materie zu tun, mit unserem Körper, mit Geld und Beruf. Wir müssen den Samen in die Erde pflanzen, damit er aufgeht.

Während Schwerter und Stäbe das männliche Prinzip repräsentieren, führen uns die Kelche und Münzen das weibliche Prinzip vor Augen.

Am besten legen Sie die vier Reihen der Kleinen Arkana geordnet von eins bis zehn vor sich aus und betrachten sie zunächst einmal:

  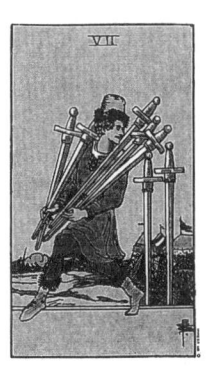 

 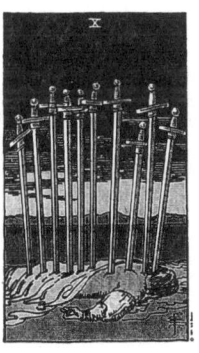

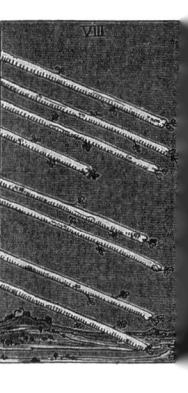

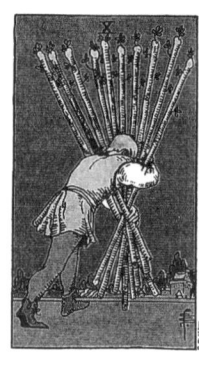

AS der KELCHE

II

III

IV

V

VI

VII

VIII

IX

X

- Welche Symbolreihe ist Ihnen am sympathischsten, welche ist Ihnen am wenigsten vertraut?
- Welche Symbole treten immer wieder auf und wo?
- Gibt es verbindende Themen, Motive oder Ereignisse?
- Was fällt Ihnen an der Farbgebung auf?

Vergleichen Sie die vier Asse oder andere Karten mit gleichen Zahlen miteinander.

- Gibt es Ähnlichkeiten?
- Was haben die Fünfen gemeinsam oder die Zehnen?
- Werden ähnliche Themen behandelt?
- Ist Bewegung in diesen Karten oder Stillstand?

Ich möchte Sie nun am Beispiel der Stab-Karten des Rider/Waite-Tarot einladen, sich auf die abenteuerliche Entdeckungsreise der Welt der Kleinen Arkana zu begeben.

AS der STÄBE

Ich lebe, ich bin! Mit diesem Zauberstab kann ich meine Kraft ausprobieren. Das Feuer in mir brennt. Ich will mir damit mein Leben kreativ gestalten, neue Dinge ausprobieren.

Ich will hinaus in die Welt, will reisen, Abenteuer erleben! Es drängt mich, all die Möglichkeiten, die das Leben bietet, auszuschöpfen.

Ich habe mich entschieden und bin losgezogen. Die Welt steht mir offen und ich genieße meine Freiheit. Ich fühle mich stark, obwohl ich keine Reisegefährten habe.

Und schon begegne ich anderen Menschen. Sie werden meine Freunde, wir tanzen, lachen, sind glücklich. Der Austausch mit ihnen macht Spaß!

Was zuerst übermütiges Spiel war, wurde auf einmal Konkurrenz und Kampf. Wer ist der Stärkste, Beste, Klügste? Auch in mir kämpfen viele verschiedene Teile miteinander. Mein Gott, nur nicht verlieren!

Gott sei Dank! Ich habe gewonnen! Ich bin der Sieger! Ich genieße mein Ansehen. Ich bin stolz auf mich.

Ganz schön einsam ist es dort oben! Die anderen wollen mir meinen Platz streitig machen und ich muß mich verteidigen. Nur die Angst nicht zeigen! Ich muß mich schützen und es gibt niemanden mehr, dem ich vertrauen kann.

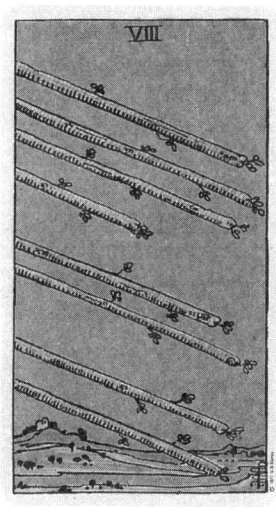

Wo sind all die Menschen geblieben? Habe ich mir alles nur eingebildet? Kämpft in Wirklichkeit gar niemand gegen mich? Findet der Kampf nur in mir statt? Jetzt stehe ich da mit meiner geballten Kraft. Wo soll ich sie nur hinlenken?

Ich baue mir einen Schutzwall, damit mir niemand mehr wehtun kann. Die Welt ist schlecht, die Menschen sind böse, ich verstecke mich vor ihnen. Eigentlich brauche ich eine Ruhepause, aber das kann ich mir nicht leisten. Ich bleibe auf der Hut.

Was ist nur aus meiner Vitalität und Kraft geworden? Ich habe sie gegen mich selbst gerichtet und jetzt schleppe ich die Last mit mir herum. Ich bin müde. Mit meinem Tun komme ich jetzt anscheinend nicht mehr weiter. Vielleicht ist jetzt das Lassen angesagt. Aber ich weiß ja gar nicht, wie das geht. Will mir denn niemand das Bündel abnehmen? Oder soll ich es einfach von mir werfen?

Soweit meine Geschichte zu den Stabkarten. Es mag sein, daß die Ihre ganz anders lautet. Ich möchte Sie an dieser Stelle ermutigen, Ihren eigenen »Reisebericht« zu schreiben. Lassen Sie Ihrer Phantasie freien Lauf, wenn Sie die Bilder der Schwerter, Kelche und Münzen betrachten. Großen Spaß kann es auch machen, wenn Sie die Geschichten mit ein paar Freunden zusammen erfinden.

Eine Reise durch die Hofkarten

Die Hofkarten weisen uns auf Menschen hin, denen wir in unserem Leben begegnen: Freunde, Feinde, Eltern, Lehrer, Vorgesetzte... Sie spiegeln aber auch unsere Rollen, die wir spielen, unsere eigenen verschiedenen Persönlichkeitsaspekte.

Die einzelnen Familien der Hofkarten sind je nach Tarot-Deck aufgeteilt in Prinzessin, Prinz, Königin, Ritter oder Page, Ritter, Königin und König. Die Familie der Schwerter (Element Luft) besteht aus Verstandesmenschen. Sie argumentieren und kämpfen gerne. Sie sind beruflich erfolgreich und könnten Rechtsanwälte, Professoren und Politiker sein. Die Hofkarten der Stäbe (Element Feuer) verweisen auf vitale, kreative Menschen, die ihre männliche Seite betonen. Sie lieben die Bewegung, Sport und Reisen. Unter ihnen finden sich eher unkonventionelle Leute wie Künstler, Sportler und Menschen, die viel unterwegs sind. Die Familie der Kelche (Element Wasser) ist sehr gefühlvoll und empfindsam. Weiche Menschen mit Herzenswärme, Intuition und Träumer finden wir dort. Musiker und echte Gentlemen, wie es in früheren Zeiten die Herzensritter waren, sind dort zuhause. Die Angehörigen der Münzen-Familie (Element Erde) sind beständige, erdverbundene Menschen. Sie sind selbstbewußt, reich und haben es nicht nötig, anderen ihren Wert zu beweisen. Sie ruhen in sich. Unter ihnen finden wir auch die Sucher, spirituelle Menschen und Weise.

Breiten Sie nun die Hofkarten vor sich aus. Verschiedene Möglichkeiten der Kontemplation tun sich auf.

BUBE der SCHWERTER

RITTER der SCHWERTER

KÖNIGIN der SCHWERTER

KÖNIG der SCHWERTER

BUBE der STÄBE

RITTER der STÄBE

KÖNIGIN der STÄBE

KÖNIG der STÄBE

BUBE der KELCHE

RITTER der KELCHE

KÖNIGIN der KELCHE

KÖNIG der KELCHE

BUBE der MÜNZEN

RITTER der MÜNZEN

KÖNIGIN der MÜNZEN

KÖNIG der MÜNZEN

Überschriften und Anordnung der Karten:
Familie der Schwerter
König   König   Ritter   Page
Familie der Stäbe
König   Königin   Ritter   Page
Familie der Kelche
König   Königin   Ritter   Page
Familie der Münzen
König   Königin   Ritter   Page

- In welcher Familie fühlen Sie sich am meisten zuhause?
- Welche Person möchten Sie nicht in Ihrem Freundeskreis oder in Ihrer Verwandtschaft haben?
- Welche Person reizt Sie als Partner?
- In welcher Karte finden Sie sich am ehesten wieder?
- Welcher Persönlichkeitsanteil ist Ihrer Meinung nach bei Ihnen unterentwickelt oder zu stark ausgeprägt?
- Welche Karte repräsentiert am ehesten Ihre Mutter, Ihren Vater, Partner oder Ihr Kind?

Charakterisieren Sie die Personen, ohne mit dem Verstand zu zensieren:

- Wo und wie leben die dargestellten Personen?
- Was sind ihre Schwächen und ihre Stärken? Was sind ihre Wünsche und Hoffnungen?
- Was passiert an Interaktion, wenn sich zwei oder mehrere Hofkarten treffen?

Lassen Sie Ihrer Phantasie freien Lauf!

Eine weitere Möglichkeit ist es, die vier Karten einer Familie als die verschiedenen Lebens- und Reifungsphasen zu sehen, durch die ein Mensch eines bestimmten Typus gehen kann. Ich möchte das am Beispiel der Schwerter-Familie aus dem Rider/Waite-Tarot näher erläutern. Meine männlich ausgerichtete Beschreibung der Karten läßt sich selbstverständlich auch auf Frauen übertragen.

BUBE der SCHWERTER

Page der Schwerter

Er ist der junge Mann, abenteuerlustig, jedoch noch unsicher und unreif im Umgang mit dem Schwert. Er ist ein stürmischer Raufbold, dem jeder Anlaß recht ist, um kämpfen und widersprechen zu können.

RITTER der SCHWERTER

Ritter der Schwerter

Auch er ist, wie sein jüngerer Bruder, Kämpfer und Nein-Sager, jedoch zielbewußt und siegessicher. Nichts kann ihn aufhalten. Sein fester Wille läßt ihn alles riskieren, wenn es sein muß sogar das eigene Leben.

Königin der Schwerter

Gereift an Jahren wird hier das harte, männliche Prinzip der Schwerter vom weiblichen Prinzip durchdrungen: Die Königin der Schwerter ist eine starke, erfolgreiche Frau, die schwierige Situationen gemeistert hat und an ihnen gereift ist. Mütterlichkeit und Anteilnahme verbinden sich bei ihr mit unerbittlichem Willen und Klarheit.

König der Schwerter

Er ist ein reifer, älterer Mann, die Vaterfigur schlechthin. Ruhig ruht das Schwert in seiner Hand, das Kämpfen wurde durch natürliche Autorität und Selbstbewußtsein ersetzt. Keiner wagt es, sich ihm zu widersetzen. Er ist bereit, Verantwortung zu tragen, ohne unbedingt nach Macht zu streben.

Die vorausgegangene Beschreibung möchte Ihnen zeigen, wie sich die Energie der Schwerter im Verlauf eines Lebens als Persönlichkeitsstruktur entwickeln kann. Finden Sie für sich persönlich die Entwicklungsmöglichkeiten der Stab-, Kelch- und Münzenpersonen heraus.

Kapitel 4

Allgemeiner Umgang mit den Karten

Vorbereitungen auf das Tarotspiel

Tarotkarten sind nicht irgendein Kartenspiel, das Sie bei Abnutzung einfach gegen ein neues austauschen. Wenn Sie von den Karten erwarten, daß Sie Ihnen geduldiger Freund und Berater in schwierigen Lebenssituationen sind, so behandeln Sie Ihr Tarot auch wie einen guten Freund. Tragen Sie ein neues Deck zu Anfang viel bei sich, legen Sie es in der Nacht unter Ihr Kopfkissen. Da die Karten wie alle materiellen Gegenstände Schwingungen aus Ihrer Umgebung aufnehmen, achten Sie gut darauf, wer sie anfaßt. Im Laufe der Zeit werden Sie tatsächlich spüren können, ob Sie mit Ihren eigenen oder fremden Karten spielen. Ihre Karten werden Ihre Schwingungen aufnehmen und wie ein Teil von Ihnen werden. Bewahren Sie das Tarot in einem schönen Kästchen auf und schlagen Sie es in ein Tuch, möglichst aus Seide, ein. So sind die Karten gut geschützt gegen Abnutzung, umgestoßene Blumenvasen und neugierige Blicke.

Nun zum äußeren Rahmen einer Tarotsitzung. Da wir mit Hilfe der Karten Zugang zu unserem Unterbewußtsein bekommen wollen, ist es hilfreich, ein kleines Ritual abzuhalten, bei dem sich der Fragende auf seine intuitive, unbewußte Seite einschwingen kann. Stellen Sie zunächst einmal alle störenden äußeren Einflüsse ab. Wählen Sie einen Zeitpunkt, wo voraussichtlich niemand an der Haustüre klingelt und stellen Sie Ihr Telefon leise oder ab. Suchen Sie sich einen Platz in Ihrer Wohnung, an dem Sie sich besonders gern aufhalten. Breiten Sie dort vor sich auf dem Boden oder auf dem Tisch ein möglichst einfarbiges Tuch aus, das die ausreichende Größe hat, um die Karten in einem Fächer oder einem Kreis darauf auszulegen. Wenn Sie das Tuch selbst genäht oder verziert haben, bekommt Ihr Tarotspiel eine zusätzliche persönliche Note.

Entsprechend der vier Tarotsymbole Schwert, Stab, Kelch und Münze lassen Sie auch die vier Elemente vertreten sein: Für das Element Feuer eine Kerze, für das Element Luft zünden Sie ein Räucherstäbchen an, für das Element Wasser eine Schale mit Wasser und als symbolischen Vertreter des Elements Erde einen Kristall oder einfach einen Stein. Vielleicht möchten Sie im Hintergrund ruhige, meditative Musik spielen, die Ihnen hilft, nach innen zu gehen.

Legen Sie nun den Stapel der Karten vor sich auf das Tuch, schließen Sie für einige Augenblicke die Augen und nehmen Sie ein paar tiefe Atemzüge. Bevor Sie mit dem Mischen beginnen, schütteln Sie mit jedem Ausatmen Ihre Hände kräftig aus, bis Sie ein Kribbeln in den Fingern verspüren. Nehmen Sie die Karten in beide Hände und bringen Sie sie an Ihr Herz. Lassen Sie dabei die Augen geschlossen und fragen Sie sich, was Ihnen »auf dem Herzen liegt«. Mischen Sie dann die Karten sanft und vorsichtig, ohne die Ecken zu verbiegen. Machen Sie drei Stapel und schichten Sie diese dann in anderer Reihenfolge wieder aufeinander. Geben Sie sich Zeit und mischen Sie die Karten solange, bis Sie das Gefühl haben, mit jeder Karte einmal in Kontakt gekommen zu sein. Sie können die Karten auch wie ein Kind auf Ihrem Tuch mit beiden Händen durcheinandermischen, vorsichtig und spielerisch, und sie dann wieder zu einem Haufen aufschichten.

Breiten Sie nun die Karten wie einen Fächer oder im Kreis vor sich aus. Eine alte Zigeunerregel sagt, man solle die Karten mit der linken Hand ziehen, da die linke Hand vom Herzen kommt. Lassen Sie also bei geschlossenen Augen Ihre linke, intuitive Hand über die Karten wandern. Sie werden warme und kalte Stellen spüren und auch fühlen können, welche Karte Sie anzieht. An irgendeiner Stelle werden Sie oder besser gesagt Ihre Hand wissen, welche Karte zu Ihnen kommen will. Legen Sie diese Karte wiederum an Ihr Herz. Was spüren Sie? Welche Karte haben Sie wohl gezogen? Sehen Sie irgendwelche Bilder, Farben oder Formen vor Ihrem inneren Auge erscheinen? Welche Botschaft wird diese Karte wohl für Sie bereithalten? Lassen Sie dabei Ihren kritischen Verstand für ein paar Augenblicke beiseite.

Ein andermal mag es für Sie richtig sein, die Karten mit offenen Augen und möglichst spontan zu ziehen, vielleicht je nach Fragestellung sogar mit der rechten Hand. Wie bereits gesagt: Es gibt kein »richtig« und kein »falsch«. Vertrauen Sie Ihrem Gefühl und spielen Sie mit dem Tarot! Ich kann Ihnen nur Anregungen geben und Sie ermutigen, Ihren eigenen Weg zu finden. Freunden Sie sich auf Ihre Weise mit den Karten an.

Die drei Wege der Kartendeutung

Es gibt grundsätzlich drei verschiedene Wege, die Karten zu deuten. Ich nenne sie den intuitiven Weg, den Weg der festen Legesysteme und eine Kombination aus den beiden.

Der intuitive Weg
Hier gibt es keine festgelegten Regeln. Sie müssen nicht einmal die Bedeutung der Karten wissen, Spontaneität und die Freude am Spiel stehen im Vordergrund. Sie gehen von einer Anfangsfrage aus, ziehen dazu eine Karte und entwickeln von dort aus das Spiel weiter. Der Ausgang ist völlig offen. Diese Art des Kartendeutens kann nur sehr begrenzt weitervermittelt werden, Sie müssen sie selbst durch intensive Beschäftigung mit dem Tarot herausfinden. Sie lassen sich von Ihrer Intuition leiten, erkennen die Spiegelfunktion der Bilder und betrachten die Karten jeden Augenblick mit neuen Augen. So kann zum Beispiel eine Schwert-Karte einmal in Ihnen die Assoziation Kampf, ein andermal die Assoziation Entscheidung, Mut und Klarheit hervorrufen. Sie geben den Karten Ihre persönliche Bedeutung, die sich nicht wiederholen muß. Dieser Weg ist spannend und abenteuerlich, weil es keine Regeln dafür gibt, keine Legesysteme, an die Sie sich halten können. Er ist eine ständige Herausforderung, die eigenen Werturteile und Projektionen zu erkennen und zu überprüfen. Vor allem, wenn Sie anderen Menschen die Karten legen, ist es wichtig, Ihre eigenen Verstandesstrukturen – sich selbst – gut zu kennen und damit das Projizieren eigener Ängste und Wünsche auf den anderen zu vermeiden.

Feste Legesysteme
Festgelegte Legesysteme sind eine gute Basis für den Anfänger, in das Kartenlegen einzusteigen, so wie das Wissen über die traditionelle Bedeutung der Karten hilfreich sein kann, Ihre Fragen zu beantworten. Er hat gegenüber dem intuitiven Kartenlegen einen Vorteil: Er ist für jeden erlernbar und ist somit eine gute Alternative, wenn Sie sich auf dem intuitiven Weg noch nicht sehr sicher fühlen sollten. Dabei sollten Sie darauf achten, sich nicht an vergangenen Erfahrungen und angelesenem Wissen festzuhalten. Schließlich liegt es an Ihnen, ob Sie sich sklavisch an Vorschläge für Deutungen und Legesysteme klammern oder ob Sie daraus neue, für Sie stimmige Wege

entwickeln. Bleiben Sie spielerisch, denn zu viel Ernst verhindert, uns von unseren Problemen zu distanzieren.

Der Kombinationsweg
Der dritte Weg ist eine Synthese aus den beiden vorgenannten. Sie wählen als Einstiegshilfe in eine bestimmte Problematik ein festes Legesystem aus, verlassen später jedoch die bekannten oder vorgeschriebenen Wege bzw. Systeme. Sie stellen falls notwendig neue Fragen, hinterfragen halbherzige Antworten, brechen ein Legesystem mittendrin ab, ganz wie es der Moment erfordert. Ich habe mit dieser Art der Kartendeutung recht gute Erfahrungen gemacht. Auch beim rein intuitiven Spiel entwickeln sich letztendlich im Laufe der Zeit bestimmte Fragestrukturen, die sich erfahrungsgemäß bewährt haben.

Ich möchte Ihnen hier keinen bestimmten Weg ausdrücklich empfehlen. Finden Sie für sich selbst heraus, welche Methode Ihnen im Moment am meisten zusagt. So wie der eine lieber eine organisierte Urlaubsreise macht und der andere nur mit Rucksack unterwegs ist, nicht wissend wo er die Nacht verbringt, so müssen auch Sie sich entscheiden, wie Sie Ihre Reise zu sich selbst mit den Tarotkarten gestalten wollen.

Tips zum Ablauf einer Tarotsitzung

Ich möchte Ihnen nun erläutern, worauf Sie bei einer Tarotsitzung achten sollen. Falls Sie nicht für sich selbst sondern für jemand anderen die Karten legen, überprüfen Sie zunächst einmal Ihre innere Einstellung, die Sie zu diesem Menschen haben. Beantworten Sie sich ehrlich die folgenden Fragen:

- Können Sie ihn akzeptieren mit all seinen Schwächen und Fehlern oder gibt es da etwas, das Ihnen Unwohlsein bereitet?
- Sehen Sie ihn als gleichwertigen Partner oder meinen Sie, »weiter« zu sein und gewisse Dinge besser zu wissen?
- Spüren Sie in sich die Tendenz, ihn verändern zu wollen oder können Sie die Sitzung auch als Möglich-

keit für eigene Einsichten, Lektionen und Veränderungen sehen?
- Wollen Sie den wissenden Therapeuten spielen oder so sein wie Sie sind, helfend oder unterstützend?

Denken Sie daran, daß Sie vielleicht morgen schon in einer ähnlich verwirrenden Situation sein können und Hilfe von außen brauchen werden. Schließlich sind wir unseren eigenen Problemen gegenüber am hilflosesten. Beobachten Sie also wachsam Ihre Einstellung zu dem Problem bzw. den Fragen und sehen Sie Ihren Mitspieler nicht mit überkritischen Augen oder etwa herablassend, sondern vom Herzen aus an.

Lassen Sie ihn dann zunächst einmal von seiner momentanen Situation und ihren eventuellen Schwierigkeiten erzählen. Unterbrechen Sie ihn nicht und geben Sie keine persönlichen Kommentare ab. Fragen Sie allenfalls nach, wenn Sie glauben, etwas nicht ganz verstanden zu haben oder wenn Sie etwas genauer wissen wollen. »Verstehe ich dich richtig, wenn...?« oder »Kannst du mir das noch genauer erklären?« Hören Sie aufmerksam zu. Wir haben alle die Tendenz, uns hinter unseren Worten zu verstecken. Ein Satz wie »Mir geht's eigentlich gut!« verrät, daß hinter dem Gutgehen noch etwas anderes steckt.

Achten Sie nicht nur auf die Wortwahl und Tonfall, sondern auch auf Mimik und Gestik. Was verraten die Stirnfalten, das nervöse Wippen mit dem Fuß, was drücken die eingezogenen Schultern aus?

Interessant ist es auch, nicht nur auf das zu hören, »was« jemand sagt, sondern auch herauszufinden, »wer« gerade spricht. Bei aufmerksamem Hinhören und Hinsehen werden Sie vielleicht bemerken, daß verschiedene Stimmen in Ihrem Mitspieler wahrnehmbar sind. Ist es der innere Kritiker, der sich ständig heruntermacht oder das kleine Kind, das Angst hat? Spricht hier der innere Antreiber, dem nie etwas genügt oder der Zyniker, der alles nur überheblich belächelt? Seien Sie ein wachsamer Beobachter, der statt zu urteilen Mitgefühl für die Sorgen und Nöte des andern hat.

Lassen Sie Ihren Mitspieler nun die Karten mischen und breiten Sie sie vor ihm aus. Bevor er mit dem Ziehen der Karten beginnt, können Sie sich für einen Moment die Hände reichen, die Augen schließen und gemeinsam ein paar tiefe Atemzüge nehmen. Dadurch entsteht ein Gefühl der Verbundenheit und des Sich-Angenommen-Fühlens.

Jetzt können Sie gemeinsam die zu klärenden Fragen oder zumindest eine Ausgangsfrage finden, von der aus sich das Spiel offen weiterentwickelt. Vielleicht möchten Sie sich auch auf ein bestimmtes Legesystem einigen. Fordern Sie den Fragesteller dazu auf, die Karten in der vorher beschriebenen Art und Weise zu ziehen.

Decken Sie die gezogenen Karten (jeweils nur eine) nun auf. Für das Deuten der Bilder ist es für mich völlig unerheblich, ob die Karte aufrecht oder verkehrt herum liegt. Ermuntern Sie Ihren Mitspieler, das Bild ganz offen, ohne Vorwissen und mit neuen Augen anzuschauen – wie es ein Kind tun würde. Gehen Sie jetzt in folgenden Schritten vor:

1. Reaktion

Möglichst spontan soll er Ihnen seinen ersten Eindruck schildern. Ermutigen Sie ihn, seiner allerersten Eingebung zu vertrauen, diesen winzigen ersten Impuls zu erhaschen, der meist in Sekundenschnelle vom zweiten oder dritten Gedanken überlagert wird. Dazu muß man sehr wachsam sein und es gehört auch einige Übung dazu, sich nicht vom kritischen oder beschönigenden Verstand aufs Glatteis führen zu lassen. Man kann die Darstellung auf den Karten einerseits zu ernst und tragisch sehen, dann glaubt man, daß morgen die Welt unterginge oder einem schwere Schicksalsschläge bevorstehen. Andererseits kann man ihren Inhalt zu distanziert und leicht nehmen. Dann sagt man sich, daß die Karte schon den Punkt trifft, aber »irgendwie« ist das Problem »eigentlich« nicht so schwerwiegend... Erforschen Sie mit Ihrem Mitspieler:

- Was ist deine allererste Reaktion?
- Wie gefällt dir das Bild?
- Stößt es dich ab, erschreckt es oder freut es dich, es zu sehen?

2. Beschreibung

Danach soll er das Bild beschreiben. Welche Personen siehst du und was tun sie? Wie deutest du die Symbole und die Farben? usw. Sie sind wiederum nur aufmerksamer Zuhörer und Begleiter.

3. Gefühle

Lassen Sie Ihren Mitspieler nun in die auf der Tarotkarte abgebildeten Personen schlüpfen. Wie fühlst du dich? Was würdest du am liebsten tun? Lassen Sie ihn in der Ich-Form sprechen: »Ich bin der Magier. Ich fühle mich stark...« »Ich sehe mein Leben im Moment wie der Turm. Ich sehe mich auseinanderfallen, ich spüre wie meine Strukturen auseinanderbrechen...«

4. Zusammenhang

Stellen Sie jetzt den Zusammenhang zu der gestellten Frage her: »Du hast die Karte als Antwort auf die Frage... gezogen. Was glaubst du, hat das Bild mit der Frage zu tun?« Der Fragesteller versucht zunächst, die Antwort auf die Frage selbst zu finden. Nur wenn dies Schwierigkeiten bereitet, stehen Sie ihm beratend mit Ihrem intuitiven Sehen und Ihrem Wissen über die Bedeutung der Karte zur Seite. Ihre Sichtweise mag völlig von der seinen abweichen. Drängen Sie dem anderen Ihre Meinung nicht auf. Fragen Sie, ob er etwas mit Ihrer Auslegung anfangen kann. Manchmal kann es auch sein, daß jemand Ihrem Gefühl nach die »falsche« Karte zieht, vielleicht hat er sich zu wenig Zeit gelassen. Lassen Sie diese Karte dann nach Absprache durch eine andere ersetzen.

Wenn Ihre Antwort starke Gefühle im Fragesteller auslöst, ermutigen Sie ihn, diese nicht zu unterdrücken, sondern sie zu zeigen. Falls Sie Abwehr spüren, versuchen Sie nicht, ihn dazu zu überreden, Ihrem Urteil Glauben zu schenken. Entweder liegen Sie mit Ihrer Meinung falsch oder Ihr Mitspieler ist noch nicht dazu in der Lage, sich seine Blockaden anzuschauen und die Wahrheit über sich zu erfahren. Akzeptieren Sie in liebevoller Haltung, was auch immer passiert. Halten Sie aber auch nicht mit dem zurück, was Sie sehen. Haben Sie den Mut, Ihre Erkenntnisse oder Meinung zu sagen, das heißt, was Sie als Außenstehender im anderen sehen, auch wenn dies für ihn vielleicht unangenehm ist. Vertrauen Sie Ihrer Intuition und riskieren Sie es, Fehler zu machen. Auch Kartenleger sind nur Menschen! Und aus Fehlern lernen wir am meisten!

Manchmal kann es passieren, daß eine Auslegung überhaupt nicht passen will. Das Tarotspiel plätschert so dahin, wird zäh und neue Einsichten wollen einfach nicht kommen. Dann ist es sinnvoll, die Sitzung abzubrechen. Vielleicht stimmt der Zeitpunkt nicht und das Tarot will im Moment keine Auskunft geben.

Lassen Sie Ihren Mitspieler ebenfalls nie in deprimierter Stimmung weggehen: »Mein Gott, was habe ich nur für schreckliche Karten gezogen!« Vermitteln Sie ihm, daß jedes Bild eine Lernmöglichkeit in sich birgt und nicht negativ bewertet werden sollte. Und daß es sich bei allem, was passiert, um einen vorübergehenden Zustand handelt. Nichts dauert für immer oder anders gesagt: Auch das wird vorübergehen. Falls es Ihnen zum Abschluß gelingt, herzhaft zusammen zu lachen, dann haben Sie viel bewirkt!

Vergessen Sie nicht, Tarot ist ein Spiel, ein humorvoller Lehrmeister!

Kapitel 5

Die »richtige« Fragestellung ans Tarot

»Stelle keine theoretischen Fragen. Theorien verwirren, anstatt etwas zu klären... Stelle auch keine philosophischen Fragen. Philosophische Fragen sind nur dem Anschein nach Fragen. Deshalb ist noch keine von ihnen beantwortet worden... Stelle auch keine metaphysischen Fragen... Sie können gelöst, aber nicht beantwortet werden... Forsche deshalb, bevor du überhaupt etwas fragst, tief in deinem Inneren und frage nur etwas, was wesentlich und persönlich ist, was dich verwirrt, etwas, worin du dich verheddert hast. Nur dann kann man dir helfen.«

Osho

Falls Sie nicht auf ein festes Legesystem zurückgreifen, sondern wollen, daß sich das Spiel frei entwickelt, ist es sehr wichtig, die »richtigen« Fragen zu finden. Mit »richtig« meine ich Fragen, die nicht schicksalshaft die Karten entscheiden lassen, sondern eine konkrete Hilfestellung sind, die Situation aus eigener Initiative heraus zu klären und zu verändern. Das ist gar nicht so einfach, denn wir haben alle die Tendenz, die Verantwortung für unser Leben an andere abzugeben. Irgendjemand oder irgendetwas ist immer schuld daran, wenn bei uns etwas nicht so klappt, wie wir es uns vorstellen.

Zukunftsfragen vermeiden

Häufig werden an das Tarot Fragen gestellt, die sich mit der Zukunft beschäftigen wie z. B.:
- Wie wird es mit meiner Beziehung weitergehen?
- Werde ich nochmals einen Partner finden und wenn ja, wann?
- Wird mich meine neue Arbeit zufriedenstellen? usw.

Dies sind alles Fragen, die Verantwortung für das eigene Leben an die Tarotkarten abzugeben. Als ob man nichts dazu beitragen könnte, wie sich das eigene Leben zukünftig gestaltet! Das Schicksal soll entscheiden.

Zukunftsfragen sind ein heikles Thema. Es gibt sicherlich Dinge, die wir nicht in der Hand haben und einige wenige begnadete Menschen können wirklich in die Zukunft schauen. Jedoch sind dies weit weniger als die Masse der Wahrsager, Hellseher und Kartenleger, die sich in den Medien anbieten. Viele von ihnen sind meiner Meinung nach gefährlich, weil sie lediglich ihre eigenen Wünsche, Ängste und Hoffnungen auf andere Menschen projizieren, deren Offenheit aufgrund ihrer Unsicherheit und Hilfsbedürftigkeit ausnutzen und ihnen Dinge suggerieren, die später nach dem bekannten Phänomen der sich selbsterfüllenden Prophezeiung eintreffen. Die Zukunft ist ein Produkt aus meiner Vergangenheit und meiner Gegenwart. Nur wenn ich die Vergangenheit objektiv betrachten und hinter mir lassen kann und ich damit im Moment glücklich sein kann, wird auch meine Zukunft erfüllt sein.

Deshalb möchte ich mich beim Kartenlegen darauf konzentrieren, was wir selbst dazu beitragen können, daß sich unsere Zukunft so gestaltet, wie wir es uns wünschen. Situationen, die auf uns zukommen, sind kein Zufall. Sie fallen uns zu, weil wir sie anziehen, weil wir an ihnen wachsen und reifen können. Manchmal ist das nur schwer anzunehmen. Häufig wollen wir diese Tatsache nicht sehen und geben die Verantwortung für unser Leben aus der Hand, indem wir glauben, andere seien an unserem Mißgeschick schuld.

Also zurück in die Gegenwart: Vermeiden Sie Zukunftsfragen und beginnen Sie immer im Moment, z. B. mit der Frage:

- An welchem Punkt in meinem Leben stehe ich jetzt gerade? (Unabhängig von dem zu klärenden Problem)

oder:

- Was ist für mich im Moment wichtig?

Veränderung nutzloser, ungenauer Fragen

Fatalistische »Ob«-Fragen (z. B. »Ich will wissen, ob ich mit meiner neuen Bekanntschaft eine glückliche Partnerschaft führen werde«) können Sie aufteilen in:

1. Was ist mir hinderlich, um... (glücklich zu werden)?
2. Was ist mir hilfreich, um... (glücklich zu werden)?

Bei der Beantwortung der Fragen sollte der Fokus weniger auf äußere Einflüsse als auf persönliche Verhaltensmuster und Glaubenssysteme gerichtet sein.

Genauigkeit anstreben

Versuchen Sie immer, Fragen so genau wie möglich zu stellen! Ein Beispiel dazu: Sie wissen nicht so recht, was in Ihrem Leben im Moment falsch läuft. Sie sind verwirrt und haben lediglich ein dumpfes Gefühl von Unzufriedenheit. Jetzt können Sie diese generelle Verwirrung spezifischer machen und nachfragen, was sich in Ihnen bezüglich verschiedener Dinge wie Arbeit, Beziehung, Wohnsituation usw. abspielt. Ziehen Sie oder lassen Sie den Mitspieler zu jedem Bereich seines Lebens eine Karte ziehen. So können Sie das Problem einkreisen. Je genauer die Frage, desto genauer gibt das Tarot auch Auskunft.

Es kann auch hilfreich sein, zu schauen was

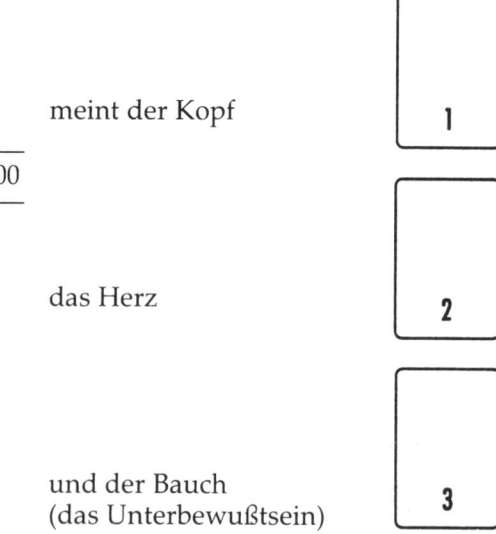

meint der Kopf

das Herz

und der Bauch
(das Unterbewußtsein)

zu einem Problem, weil sehr oft eine Teilung zwischen den verschiedenen Bereichen in uns besteht.

Falls Sie sich nicht sicher sind, den Fragesteller richtig verstanden zu haben, sollten Sie immer nachfragen, was der andere wirklich meint. Häufig reden wir aneinander vorbei in dem Glauben, wir würden über das gleiche sprechen. Damit meine ich, daß wir die gleichen Begriffe mit verschiedenen Inhalten und Gefühlserinnerungen verbinden. Um eine gemeinsame Kommunikationsebene zu gewährleisten, ist es deshalb wichtig, immer wieder zu fragen:

- Verstehe ich dich richtig, wenn du meinst...?

Die »wirkliche« Frage wartet hinter der Frage

Wir haben alle die Tendenz, uns mit unseren Problemen vor anderen Menschen zu verstecken. Wir haben Angst vor Spott, Verurteilung und Strafe. Wer gibt schon gerne offen seine Schwächen, Ängste und Unsicherheit zu, seine Wut, Eifersucht, Verzweiflung, Depressionen, Neidgefühle...? Bei Formulierungen von Fragen an das Tarot ist dieses Versteckspiel gut zu beobachten. Nur allzu leicht bewegen sich Fragen an der Oberfläche und häufig steckt hinter einer Frage eine ganz andere Frage. Fühlen Sie sich also nicht verpflichtet, jede gestellte Frage sofort zu beantworten. Vertrauen Sie Ihrer Intuition, wenn Sie spüren, daß diese Frage nicht wirklich die Wurzel des Problems trifft.

Das Vorgenannte sollten Sie natürlich auch für sich selbst beherzigen, wenn Sie allein versuchen sollten, mit Hilfe der Karten Fragen zu beantworten. Fühlen Sie, ob Sie Ihre Fragen halbherzig, beschönigend oder ausweichend stellen. Dann versuchen Sie die wahre Frage zu vermeiden. Verständlich, denn Sie – Ihr Unterbewußtsein – wissen ja bereits die möglicherweise unangenehme Antwort! Aber wie oft waren ich und viele Mitspieler um so freudiger überrascht, daß anstelle der »bösen« Folgen unerwartet »positive« Karten gezogen wurden, die das Problem in einem ganz anderen, angenehmen Licht erscheinen ließen.

Ein Fragespiel dazu:

- Ich weiß nicht, ob ich mich von meinem Partner trennen soll oder nicht?

Diese Frage zielt bereits auf ein Resultat, eine Reaktion/Handlung ab, ohne daß nach den Ursachen gefragt wird. Also: Klären Sie besser erst einmal die Ursache und dann die Auswirkung (= eventuelle Trennung) mit den möglichen Folgefragen:

- Was stimmt nicht in meiner Beziehung?
- Was fehlt mir?
- Was ist die Ursache meiner Unzufriedenheit?

Scheuen Sie sich nicht, dem Ratsuchenden zu sagen, daß Ihrer Meinung nach das Problem viel tiefer sitzt und deshalb die Frage eigentlich ganz anders lauten müßte. Fordern Sie ihn auf, tiefer in sich hineinzuhorchen und die gestellte Frage noch einmal zu überprüfen. Vielleicht stellt sich nach Klärung dieser Fragen die Entscheidung über eine Trennung gar nicht mehr.

Beachten Sie beim Alleinspiel diese Vorgehensweise der Fragestellung ganz besonders, denn es ist niemand da, der Sie auf Ihr Ausweichen aufmerksam macht! Mit etwas Übung werden Sie sich schnell an das »richtige« Fragen gewöhnen und diese Denkweise auch außerhalb des Tarotspiels anwenden. Also: Erst Ursache erkunden, dann nach Abhilfe suchen.

Fragen zu verschiedenen Alternativen

Bei Fragen, wo verschiedene Wege offenstehen, (z. B. man hat mehrere Arbeitsangebote und weiß nicht, welchem man folgen soll) können Sie folgendermaßen vorgehen:

Ziehen Sie für jede Möglichkeit eine Karte und legen Sie diese verdeckt hin. Sie schließen nun die Augen und Sie decken alle Karten auf. Wenn Sie die Augen wieder öffnen, sollen Sie möglichst spontan entscheiden, welche Karte Ihnen am besten gefällt. Schauen Sie, warum Sie diese Karten gezogen haben und Sie diese eine Karte bevorzugen. Wenn Sie eine Sitzung für einen Mitspieler machen, decken Sie für ihn die Karten auf und lassen ihn anschließend ausführlicher über seine Auswahl sprechen. Versuchen Sie nicht, eine Entscheidung zu erzwingen. Das werden Sie spüren, wenn keine der gezogenen Karten ein Resultat darstellt oder in Ihnen bzw. dem Mitspieler nichts anklingt. Es kann sein, daß noch keine Entscheidung ansteht und es besser ist abzuwarten.

Solange wir uns mit Entscheidungen herumquälen, ist der Zeitpunkt für Handlungen meist noch nicht reif. Meiner Erfahrung nach kommt der Punkt, wo ich genau weiß, was für mich richtig ist, ganz von selbst. Je mehr ich mich in einer unklaren Situation entspannen kann, mich nicht in meine kleine Problemwelt verstricke und eine Entscheidung erzwingen will, desto größer ist die Wahrscheinlichkeit, daß ich herausfinde, was für mich stimmt.

Unser Verstand stellt unentwegt Fragen und kaum ist eine Frage beantwortet, so tut sich auch schon die nächste auf. Die Antwort auf alle Fragen liegt in uns. Das Spiel mit den Tarotkarten versetzt uns in einen meditativen Zustand und verschafft uns damit den Zugang zu der Quelle in uns, die bereits alle Antworten weiß.

Die »richtigen« Fragen zu stellen ist eine Kunst, die viel Übung und Einfühlungsvermögen erfordert. Stellen Sie nicht an sich den Anspruch, jederzeit und in jeder Situation die richtige Frage zu wissen, vor allem wenn es um Sie selbst geht. Niemand ist immerzu vollkommen! Wir lernen in erster Linie aus unseren Fehlern.

Zum Abschluß dieses Kapitels möchte ich Ihnen eine kleine Übung vorschlagen: Schließen Sie Ihre Augen, entspannen Sie sich, und stellen Sie die folgende Frage an das Tarot:

- Was ist im Moment die wichtigste Frage in meinem Leben?

Kapitel 6

Ein kurzes Wort zum Thema »Probleme«

»Die meisten Menschen glauben nicht richtig zu leben, wenn sie nicht ihre Sorgen hätten. Für die Mehrzahl von uns ist in der Tat das Ringen mit irgendwelchen Problemen eine unabdingbare Begleiterscheinung des irdischen Daseins. Ein Leben ohne Probleme ist uns schlechterdings unvorstellbar, und je intensiver uns ein Problem beschäftigt, desto wacher und tatkräftiger glauben wir zu sein. In Wirklichkeit werden wir durch das ständige, angespannte Nachgrübeln über ein Problem, das doch ein Geschöpf unseres eigenen Denkens ist, nur stumpf und müde und gleichgültig.«

J. Krishnamurti

Sie werden vielleicht erstaunt sein, wenn ich Ihnen sage, daß Probleme nicht existieren. Und das steht in einem Buch zu einem Kartenspiel, das mir beim Beantworten meiner Fragen, die aus meinen Problemen kommen, helfen soll! Warum, so werden Sie mich fragen, plage ich mich dann tagtäglich mit ihnen herum? Lassen Sie uns einen Blick auf den Verursacher unserer Probleme werfen, um das Stellen der »richtigen Frage« und die Erforschung der Ursache gleich weiter zu üben: Es ist der Verstand.

Unser Verstand ist vergleichbar mit einem Computer, der zum Zeitpunkt unserer Geburt leer war, das heißt er verfügte über keine Programme und Daten. Doch nun wurde dieser Computer von unserer Umwelt gefüttert mit Anweisungen, wie etwas zu tun ist, was »richtig« und was »falsch« ist. So wurden wir durch bestimmte, je nach Gesellschaft und Religion unterschiedliche Ideale, Werte, Verhaltensnormen usw. konditioniert. Zweck des Verstandes ist es, unser Überleben zu sichern. Dazu befähigt ihn die Möglichkeit der Erinnerung an Ereignisse und Erfahrungen, die damit verbunden sind. Der Verstand fühlt sich jedoch nur wohl, wenn er sich in seiner selbst erzeugten Welt bewegt und an alten Mustern und Denkstrukturen festhalten kann. Um es noch präziser zu sagen: Um unser (und sein ganz persönliches) Überleben zu sichern, wird der Verstand fast alles tun. Daraus erwächst das Bedürfnis, recht haben zu wollen oder sich zu rechtfertigen. Er greift auf vorhandene Informationen aus der Vergangenheit zurück und versucht diese in die Gegenwart zu übertragen. Neue, unbekannte Situationen machen ihm Angst, eine geistige Streßsituation wird erzeugt, die Sichtweise verengt sich. Itzhak Bentov bringt in seinem Buch »Auf der Spur des wildes Pendels« dafür ein gutes Beispiel:

»Angenommen, wir zeigen jemandem ein Fahrrad, der noch nie eins gesehen hat, und wir versuchen ihn mit Worten davon zu überzeugen, daß es sich hier um ein sicheres und praktisches Fahrzeug handelt. Er wird glauben, Sie wollten ihn auf den Arm nehmen: Die bloße Betrachtung zeige ja schon, daß das Fahrrad ein unsicherer und komplizierter Apparat ist. Ganz sicher wird hier die wortreichste Erklärung nicht helfen, und der Betreffende wird erst dann von den Vorzügen des Fahrrads überzeugt sein, wenn er gelernt hat, darauf zu fahren (und das schließt reichlich blaue Flecken und aufgeschürfte Knie ein). Das heißt, erst nach der persönlichen Erfahrung kann er das Rad nutzen und vielleicht sogar andere von seinen Vorteilen zu überzeugen suchen. Er erkennt, daß in seiner früheren Ansicht ein wichtiger Aspekt fehlte, und der bestand in dem unsichtbaren Prinzip des Beharrungsvermögens, das das Rad aufrecht erhält, während es sich fortbewegt...«

Der Verstand projiziert also seinen Input nach außen und behauptet, was er sieht, sei die Wahrheit. Er ist die sogenannte rosarote oder dunkelgraue Brille, durch die wir je nach Stimmungslage die Welt betrachten und sie dann als unsere Realität bezeichnen.

Situationen, die uns begegnen, sind nie problematisch. Das Problem entsteht durch unsere Bewertung »schlecht« oder »falsch«, durch unser »nein« zu Veränderungen, durch »das will ich nicht« oder »das kann ich nicht«. Um das an einem Beispiel zu erläutern: Ihr Partner verläßt Sie. Daran ist zunächst einmal nichts problematisch. Sie werden mit einer neuen Situation in Ihrem Leben konfrontiert. Wahrscheinlich haben Sie beide schon länger gespürt, daß Sie sich nichts mehr zu sagen haben, daß es Zeit ist, neue Wege zu gehen und daß die gemeinsame Lektion, die Sie zu lernen hatten, gelernt ist. Sie haben sich gegeben, was Sie sich geben konnten, neue Bedürfnisse sind da und zu ihrer Befriedigung brauchen Sie entweder das Alleinsein oder einen neuen Partner. Nun verabschieden Sie sich in Liebe und Dankbarkeit voneinander und werden gute Freunde bleiben. Welch eine Herausforderung!

Doch meist wird es anders aussehen: Ihr Verstand spielt verrückt, schließlich fehlen ihm die Daten, wie er mit der neuen, für ihn bedrohlichen Situation umgehen soll. Auch wenn das Alte nicht mehr stimmt, so bietet es doch Sicherheit, die bequeme Gewohnheit und verlangt von uns kein Umdenken, keine neue Einstellung, keine Herausforderung, keine Kreativität.

Der Schritt ins Unbekannte ist unbequem, ängstigend und deshalb erzeugt der Verstand Widerstand gegen die nötigen Veränderungen. Widerstand gegen den Fluß des Lebens schafft Probleme. Anstatt zu sehen, was wir aus einer für uns unangenehmen Situation lernen können und damit unser Leben bereichern können, sind wir versucht, anderen die Schuld für unser Mißgeschick zuzuschieben. Wir haben Erwartungen an unsere Mitmenschen und sind nur wenig dazu bereit, Veränderungen von unserer Seite aus einzuleiten. Das heißt nicht, daß wir zu allem »Ja und Amen« sagen sollen, aber vorgegebene Situationen zu bekämpfen ist die denkbar schlechteste Voraussetzung für eine Veränderung oder Transformation. Was ist falsch oder schlecht an einem Regentag? Wenn ich seine Notwendigkeit und die ihm eigene Schönheit erkennen kann, sprich, wenn ich meine Sichtweise verändere, öffne ich mich der Magie des Augenblicks und damit meiner Zufriedenheit und meinem Glück.

An einer für uns schmerzhaften oder unerfreulichen Lage haben wir immer selbst einen Anteil. Diese Verantwortung für unser Leben mit allem, was es bringt, zu übernehmen, ist manchmal sehr schwer. Sie ermöglicht uns aber auf der andern Seite auch immense Freiheit und gibt uns die Möglichkeit, Veränderungen selbst in die Hand zu nehmen. Und in dem Maße, in dem ich mich verändere, werde ich meine Umwelt anders wahrnehmen und meine Mitmenschen werden auch anders auf mich reagieren. Um noch einmal den bereits zitierten Spruch zu erwähnen: Es gibt nichts zu verändern außer der eigenen Sichtweise!

Wir sind alle die Sklaven unseres Verstandes, sind identifiziert mit unserem Denken. Es ist an der Zeit, daß wir die Herren werden und den Verstand zu unserem Diener machen, ihn in seine für ihn bestimmte Rolle verweisen. Der Verstand existiert nicht als eine Einheit. Er ist eine Ansammlung von Millionen einzelner Gedanken. Doch es ist möglich, sich außerhalb der Schranken des Verstandes zu bewegen, in meditativer Haltung zum Beobachter des Gedankenwustes zu werden und dadurch Distanz zu schaffen.

Tarot kann, in der richtigen Art und Weise verwendet, dazu beitragen, den Geist zu reinigen, alte unbrauchbare Arbeitsanweisungen zu löschen und mit neuen Ansätzen an Situationen heranzugehen. Die Karten sind eine Hilfe zur Selbsthilfe. Sie zeigen, daß Probleme nicht etwas sind, das es gilt, möglichst schnell abzuschaffen, sondern eine Möglichkeit zu lernen und zu wachsen. Probleme lösen ist ein kreativer Akt, also etwas, was uns beflügeln, erfrischen und befriedigen kann. Deshalb ist es auch sinnvoll sich zu fragen:

- Warum bin ich in dieser Situation?
- Was trage ich zu dem Problem bei?
- Was kann ich daraus lernen?

Da der gleiche Verstand, der die Probleme schafft, diese auch auf seine Weise – mit seinen Mitteln, Mustern und Erfahrungen – lösen will, ist es sinnvoll, beim Befragen der Karten einen Freund oder professionellen Kartenleger zu Rate zu ziehen, jemanden, dem Sie vertrauen und der den Mut hat, Ihnen auch unangenehme Dinge zu sagen und der Ihnen in liebevoller Weise hilft, die Tarotkarten zu deuten.

Lassen Sie uns abschließend nicht vergessen: Wir sollten unser Leben nicht mit der gewaltsamen Lösung von Problemen verschwenden! Manche Probleme lösen sich von selbst, indem sich Umstände, Mitmenschen, Wetter, Politik usw. verändern. Mit unserem Einverständnis *für* eine Veränderung haben wir bereits den entscheidenden Schritt getan.

Kapitel 7

Intuition – die Grundlage guter Kartendeutung

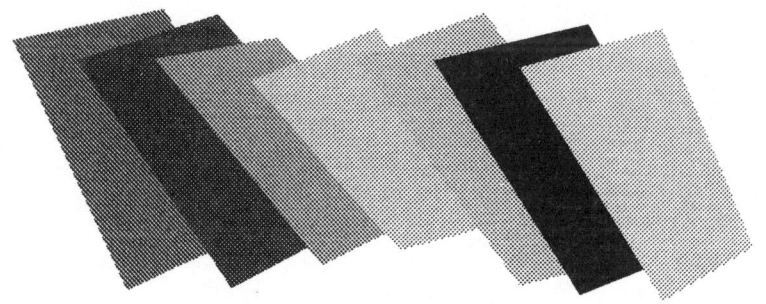

Kartenlegen ist zu einem großen Anteil eine Sache der Intuition, des Sich-Einfühlen-Könnens in den anderen (und sich selbst), ohne die eigenen Denkmuster auf ihn zu projizieren. Das wiederum ist nur dann möglich, wenn ich mich selbst kenne und Zugang zu der Stimme tief in mir habe, die mich intuitiv führt, die im Gegensatz zum Verstand nicht logisch und aus vergangenen Erfahrungen heraus spricht, sondern jeden Moment spontan neue und völlig unerwartete Antworten geben kann.

Jeder von uns hat Zugang zu diesen Eingebungen. Vor allem Kinder lassen sich von ihnen noch viel mehr leiten als wir Erwachsene es tun. Vielleicht waren Sie selbst schon einmal in der Situation, wo Ihnen eine innere Stimme entgegen aller vernünftigen Argumente gesagt hat, Sie sollten etwas bestimmtes tun oder lassen und hinterher stellte sich heraus, daß diese Stimme recht hatte. (Z. B. sind Sie dadurch einem Unfall entgangen oder haben ein wichtiges Telefongespräch erhalten.)

Intuition hat nichts mit Glauben zu tun, sie weiß einfach. Dieses Wissen hat nichts mit dem Wissen gemein, das unser Verstand im Laufe des Lebens ansammelt. Intuition schöpft aus einer tieferen Quelle, die unserem Alltagsbewußtsein kaum zugänglich ist. Sie hat ihre eigene Wirklichkeit, die umfassender und realer ist als die verstandesmäßige Wirklichkeit bzw. Bewußtseinsebene. Sie schöpft aus dem Unterbewußtsein, das alle Antworten weiß. Sie ist immer da, nur schenken wir ihr häufig zu wenig Aufmerksamkeit und horchen lieber auf das, was unsere Vernunft sagt. Wir sammeln vorgegebenes Wissen. Das gibt uns Sicherheit. Auf unserer Suche nach der Wahrheit müssen wir jedoch dieses Wissen hinter uns lassen und uns auf jeden Moment neu einlassen. Weisheit hat nichts mit Wissen zu tun. Sie weiß, daß ich nichts weiß!

Wir können Intuition nicht lernen und sie auch nicht herbeizwingen. Wir müssen sie nur wiederentdecken, in der Stille, wenn unser Verstand einmal zur Ruhe kommt.

Unsere westliche Gesellschaft ist noch viel zu sehr männlich orientiert: Aktivität, Leistung und logisches Denken bestimmen unser Leben in einem Ausmaß, das uns auf die Dauer krank macht. Die linke männliche Gehirnhälfte wird überbetont. Intuition entspricht dem weiblichen Prinzip. Sie ist passiv. Es ist höchste Zeit, daß wir unserer Intuition wieder mehr folgen. Wenn wir sie einladen, uns zu führen, stellen wir damit die Verbindung zur universellen Lebenskraft und Weisheit her und öffnen uns der Wahrheit des Augenblicks.

Wahrnehmungsübung
Setzen oder legen Sie sich bequem hin. Schließen Sie die Augen und atmen Sie ein paarmal tief ein und aus. Lassen Sie Ihren Körper mit jedem Atemzug schwerer und entspannter werden. Und auch Ihr Geist wird ruhig wie ein stilles Wasser. Lassen Sie Ihre Gedanken vorüberziehen, ohne an Ihnen festzuhalten und machen Sie sich leer. Beobachten Sie sich und Ihre Gedanken, ohne sich mit dem Geschehen zu identifizieren.

Gehen Sie mit Ihrem Atem jetzt in Ihren Bauch. Atmen Sie sich tiefer und tiefer dorthin zu dem Platz, wo Ihre Intuition sitzt.

Lassen Sie an diesem Punkt nun ein Bild entstehen. Vielleicht sehen Sie eine Person oder eine Landschaft. Vielleicht spüren Sie auch nur ein Gefühl oder Sie hören eine Stimme. Was auch immer auftaucht, es ist Ausdruck Ihrer Intuition, Ihrer kosmischen Weisheit.

Fragen Sie Ihre Intuition jetzt, ob sie eine Botschaft für Sie hat. Entspannen Sie sich, um die Antwort empfangen zu können. Diese kann wiederum in Form eines Bildes, in Worten, Tönen oder Gefühlen zu Ihnen kommen.

Falls Sie keine Antwort erhalten, haben Sie Geduld. Vielleicht ist Ihre innere Stimme im Laufe Ihres Lebens tief verschüttet worden. Haben Sie Vertrauen, daß sie zu einem späteren Zeitpunkt zu Ihnen sprechen wird. Es braucht einige Übung, um seine innere Stimme hören zu können. Sie ist zart und fein wie ein junges Pflänzchen und ist nur in der Stille hörbar. Je öfter Sie üben, desto leichter wird es Ihnen fallen, mit ihr in Kontakt zu treten.

Intuitionsspiele
Üben Sie sich, wo immer Sie auch sein mögen, auf der Straße, in der U-Bahn oder auf einer Party, darin, Ihre Intuition zu

stärken. Fühlen Sie sich von Ihrem Bauch aus in eine fremde Person ein und versuchen Sie sich vorzustellen, was sie von Beruf ist, ob sie Familie hat, wie ihre Wohnung aussieht, was ihre Schwächen oder Stärken sind, welches Auto sie fährt, was ihr Urlaubsziel ist usw. Wann immer Sie die Möglichkeit haben, Ihre Vermutungen zu überprüfen, fragen Sie die Person, inwieweit Ihre Annahmen stimmen.

Das folgende Spiel können Sie im Freundeskreis oder auf einer Party spielen:
Eine Person verläßt den Raum. Es wird nun vereinbart, wen von den Anwesenden diese Person erraten muß, wenn sie in den Raum zurückkommt. Sie findet das heraus, indem sie den anderen Fragen stellt wie:

- Welches Tier, welche Pflanze, welches Wetter... ist diese Person?
- Wer war dieser Mensch in einem vergangenen Leben?
- Welches Kleidungsstück, Fahrzeug, Getränk, Theaterstück, Lied, Gebäude... ist diese Person?

Lassen Sie Ihrer Phantasie freien Lauf. Jeder, der im Raum sitzt, antwortet auf die gestellten Fragen nacheinander. Nach einer gewissen Zeit ergibt sich ein klares Bild, wer die gesuchte Person ist. Bis zu dreimal darf ein Name genannt werden. Wenn dann die richtige Person noch nicht erraten wurde, ist das Spiel verloren.
Diese Übung macht sehr viel Spaß. Darüber hinaus ist sie auch eine gute Rückmeldung darüber, wie andere Menschen Sie sehen.

Tarotabenteuer
Sie können Ihre Intuition und Phantasie auch mit jeder Tarotkarte schulen. Wählen Sie eine Karte aus, schließen Sie die Augen und visualisieren Sie das Bild. Stellen Sie sich nun eine weiße, leere Leinwand vor und lassen die Karte auf dieser inneren Leinwand erscheinen. Lassen Sie nun das Bild größer werden und immer näher rücken, so nahe, daß Sie hineintreten können. Während Sie tief und entspannt weiteratmen, wandern Sie in dem Bild umher. Spüren Sie die Atmosphäre der Situation, treffen Sie sich mit den Gestalten der Karte und reden Sie mit ihnen. Weiten Sie die Szene nach Lust und Laune aus,

vielleicht gehen Sie auf Abenteuer, wie Sie es sich schon immer gewünscht haben.

Wenn Sie wieder zurückkommen wollen, gehen Sie einfach zum Ausgangspunkt zurück und steigen Sie aus der Karte heraus zurück an Ihren Platz.

Kapitel 8

Der Umgang
mit festen Legesystemen

Im folgenden Kapitel möchte ich Ihnen einige Legesysteme zu den verschiedensten Lebensbereichen vorstellen. Ich habe diese Legesysteme an mir selbst und mit vielen anderen Menschen erprobt und sie haben sich immer wieder gut bewährt.

Wenn ich selbst in ein Problem verstrickt bin, ist es häufig nicht leicht, die Fragen zu finden, die meiner Problematik wirklich auf den Grund gehen (sonst wäre das Problem vielleicht gar nicht da!). Deshalb ist es sehr hilfreich, wenn Sie sich zunächst einmal an bewährte Legesysteme halten. Wie bereits in Kapitel 5 erwähnt, möchte ich Sie jedoch noch einmal ermutigen, mit diesen festgelegten Methoden zu experimentieren, sie notfalls abzuändern oder abzubrechen, neue Fragen zu entwikkeln oder sogar Ihre eigenen Legesysteme zu erfinden.

Feste Legesysteme sind Hilfsmittel, ähnlich einem Kochrezept, das uns helfen kann, Speisen zuzubereiten. Wenn Sie einige Erfahrungen im Kochen gesammelt haben, werden Sie nicht mehr im Kochbuch nachschlagen, sondern zu experimentieren beginnen und die Rezepte verändern, das heißt nach Gefühl kochen und würzen. So verhält es sich auch mit festen Legesystemen: In dem Moment, wo Sie sich sicher genug fühlen, sich von Ihrer Intuition leiten zu lassen, werden Sie vielleicht nur noch Teile von Legesystemen verwenden oder Ihre eigenen, individuellen Methoden entwickeln.

Suchen Sie sich zunächst einmal das Legesystem heraus, das Ihren Problembereich tangiert. Ziehen Sie alle Karten und legen Sie diese verdeckt vor sich hin. Lassen Sie sich alle Zeit, die Sie brauchen und konzentrieren Sie sich beim Ziehen der jeweiligen Karte auf die dazugehörige Frage. Nachdem alle Karten vor Ihnen liegen, decken Sie die erste auf und versuchen, mit Hilfe des Bildes die Frage zu beantworten. (Nähere Angaben siehe Kapitel 5: Tips zum Ablauf einer Tarotsitzung.) Verfahren Sie dann ebenso mit den anderen Karten. Wenn alle Bilder offen vor Ihnen liegen, ist es sehr wertvoll, einen Gesamtüberblick zu machen, indem Sie den Bezug zu den verschiedenen Karten herstellen. Beispiele: Liegen viele Kleine Arkana-Karten, Große Arkana-Karten, Stäbe, Schwerter, Münzen vor Ihnen? Sind es Karten mit viel Bewegung oder Stille als Motiv? Liegt die Königin der Stäbe neben dem König der Stäbe oder beginnt die Serie mit dem Narren und endet mit der Welt? Wie verhalten sich die Motive der Karten miteinander: Gegensätzlich oder harmonisch?

Es bleibt mir nur noch zu wünschen übrig, daß Ihnen die vorgeschlagenen Methoden ebenso viele klärende Einsichten bringen, wie sie sie mir gebracht haben. Die Bilder des Tarot können sehr tiefe, längst vergrabene Bereiche in uns berühren und starke Emotionen in uns auslösen. Haben Sie keine Angst vor diesen Gefühlen! Egal ob Tränen, Freude, Wut, Bestürzung, Angst oder Liebe – alles ist Ausdruck unserer Lebensenergie und sollte Platz in unserem Leben haben. Und das ist es doch, was wir alle wollen: lebendig sein! Das heißt, nicht halbherzig und dumpf, sondern total und freudig durchs Leben gehen. Wir wollen aus den anerzogenen Zwangsjacken heraus und das Leben genießen. Und vergessen Sie nicht: Selbsterkenntnis muß nicht immer nur schmerzhaft und eine ernste Angelegenheit sein – sie kann auch Freude machen.

Klärung der allgemeinen Lebenssituation

»Ich weiß nicht, was mit mir los ist. Irgendetwas stimmt in meinem Leben nicht. Ich fühle mich von meinem Alltag erstickt es muß etwas passieren. Aber was nur? Der Wunsch nach Neuem ist zwar da, aber ich weiß nicht einmal, wie dieses Neue aussehen könnte. Manchmal bin ich schon der Resignation nahe, denn ich finde keine Lösung. Was mache ich nur falsch? Eigentlich könnte ich doch ganz zufrieden sein. Und trotzdem...«

Wenn es in Ihrem Leben so oder ähnlich aussieht, dann helfen Ihnen die folgenden Legesysteme, Ihre Verwirrung zu klären. Sie werden mit ihrer Hilfe herausfinden, was Ihre Unzufriedenheit auslöst und wo Sie sich selbst im Weg stehen. Das Tarot wird Ihnen auch die Schritte bewußt machen, die nötig sind, damit Sie wieder mehr Freude und Spaß an Ihrem Leben haben.

Einfaches Legesystem zur Problemlösung

Es gibt Ihnen einen kurzen Überblick über Ihre momentane Situation.

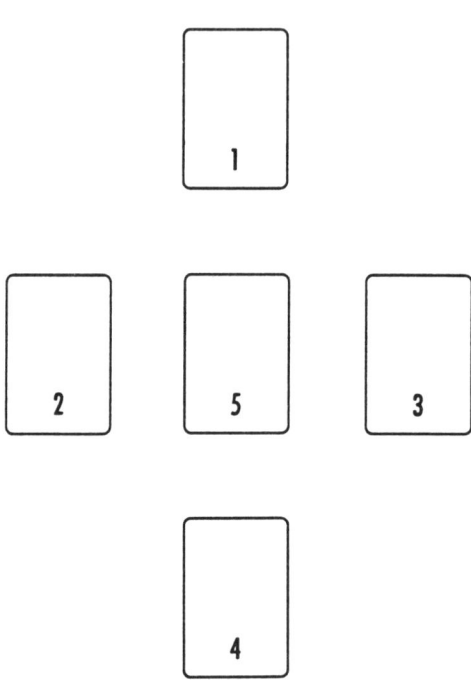

1 = Meine momentane Situation
2 = Was ist mir hinderlich, was steht mir im Weg?
3 = Was hilft mir weiter?
4 = Was kann ich aus meiner momentanen Situation lernen?
5 = Das mögliche Ergebnis, die Veränderung

Die 7er Reihe

Dieses Legesystem ist besonders hilfreich, wenn Sie überhaupt nicht wissen, was Ihr Problem ist.

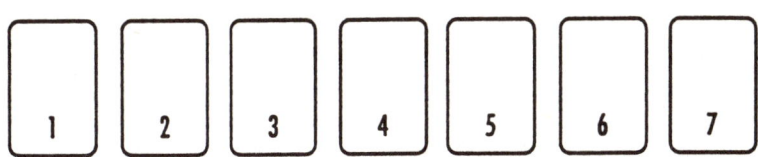

1 = Was ist das Problem?
2 = Ich in bezug auf das Problem, d. h. wie verhalte ich mich?
3 = Wie ziehe ich das Problem an, wie verursache ich es?
4 = Was soll ich aus dem Problem lernen?
5 = Was ist mir hinderlich, das Problem zu lösen?
6 = Was hilft mir, das Problem zu überwinden?
7 = Auflösung

Wie stehe ich im Leben?

Hier gilt es herauszufinden, ob die Bedürfnisse von Kopf, Herz und Bauch übereinstimmen oder ob zum Beispiel Ihr Herz (Ihre Gefühle) etwas völlig anderes will als Ihr Kopf (Ihr Verstand) oder Ihr Bauch (Ihr Unterbewußtsein).

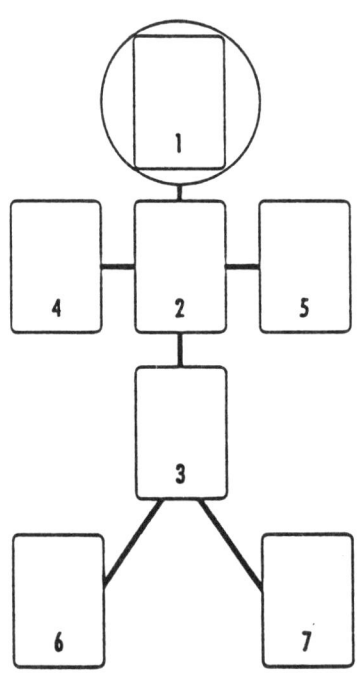

1 = Was sagt mein Kopf, mein Verstand?
2 = Was sagt mein Herz, mein Gefühl?
3 = Was sagt mein Bauch, mein Unterbewußtsein?
4 = Rechter Arm: Was trage ich aktiv zu dem Problem bei?
5 = Linker Arm: Wodurch ziehe ich das Problem unbewußt an?
6 = Rechtes Bein: Was will ich bewußt zur Problemlösung tun? Wo will ich hingehen?
7 = Linkes Bein: Wohin zieht es mich unbewußt? Wo werde ich hingetrieben?

Das Keltische Kreuz

Dies ist eine weitverbreitete, altbewährte Legemethode, die angeblich schon in früher Zeit von den Zigeunern verwendet wurde. Das Keltische Kreuz eignet sich sowohl zur Aufhellung von Ursachen, als auch zur Vorausschau. Es eignet sich zur Bearbeitung aller Fragestellungen. Eine gute Möglichkeit für alle, die ihr Leben genauer unter die Lupe nehmen wollen!

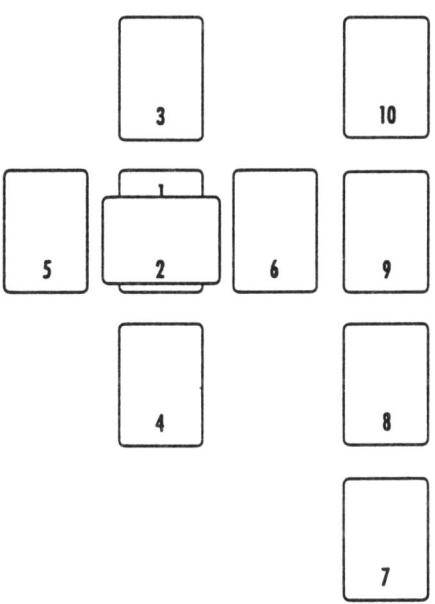

1 = Die Ausgangssituation
2 = Was kreuzt, beeinflußt die Situation (positiv oder negativ)
3 = Meine bewußten Gedanken (Kopf): Das kann ich erkennen.
4 = Das Unbewußte (Bauch): Das will und kann ich nicht sehen, sondern nur spüren.
5 = Meine unmittelbare Vergangenheit: Hinweis auf Ursachen der jetzigen Situation oder Einflüsse, die ich hinter mir gelassen habe.
6 = Meine unmittelbare Zukunft: Der nächste Schritt

7 = Der Fragesteller: Wie sehe ich die Situation?
8 = Meine Umgebung: Wie reagieren meine Freunde, Eltern,
    Familie, die Menschen, die mir nahestehen...?
9 = Meine Hoffnungen, Ängste oder Wünsche
10 = Der Ratschlag, die Antwort auf die Frage, das Ergebnis

Kosmischer Überblick

Diese Auslegung wird vor allem Freunde der Astrologie ansprechen. Zu jedem Sternzeichen bzw. Haus wird eine Karte gezogen und Sie erhalten damit eine umfassende Bestimmung Ihres Persönlichkeitstypus.

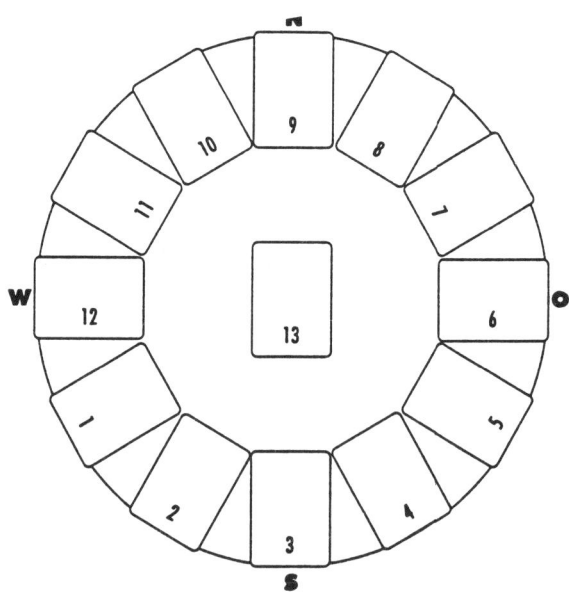

1 = 1. Haus: Widder
    Meine Persönlichkeit, das Ego, meine Tatkraft, mein Durchsetzungsvermögen

2 = 2. Haus: Stier
    Verhältnis zu Geld, Besitz, Materie
    Welche Werte habe ich?

3 = 3. Haus: Zwillinge
Meine Kommunikationsfähigkeit, Denken und Sprache

4 = 4. Haus: Krebs
Meine Gefühle, mein inneres Kind, meine Herkunft

5 = 5. Haus: Löwe
Mein Selbstbewußtsein, meine Kreativität

6 = 6. Haus: Jungfrau
Meine Vernunft, Vorstellungen, Ideale
Wie gehe ich damit um?

7 = 7. Haus: Waage
Meine Beziehungen, Partnerschaft
Wie lebe ich Beziehungen?
Was will ich von Beziehungen?

8 = 8. Haus: Skorpion
Meine Hingabefähigkeit, Sexualität, meine Einstellung
zum Tod

9 = 9. Haus: Schütze
Welche Erkenntnisse und Einsichten habe ich gewonnen?
Was habe ich zu lernen und weiterzugeben?

10 = 10. Haus: Steinbock
Wo will ich hin in meinem Leben?
Was ist meine Bestimmung oder Berufung?

11 = 11. Haus: Wassermann
Erneuerung, Umbruch
Wovon will ich mich befreien?
Wovor flüchte ich?

12 = 12. Haus: Fische
Mein Verhältnis zu Mystik, Religiosität, Meditation
Die Karte zu dem Unsagbaren in unserem Leben

13 = Karte für den Ratsuchenden, den Ratschlag oder die
momentane Situation

Der Lebensbaum

Das Legesystem des Lebensbaums zeigt Ihnen auf, wie Sie im Leben stehen. Hier werden elterliche Prägungen und wie diese Ihr heutiges Leben beeinflussen deutlich.

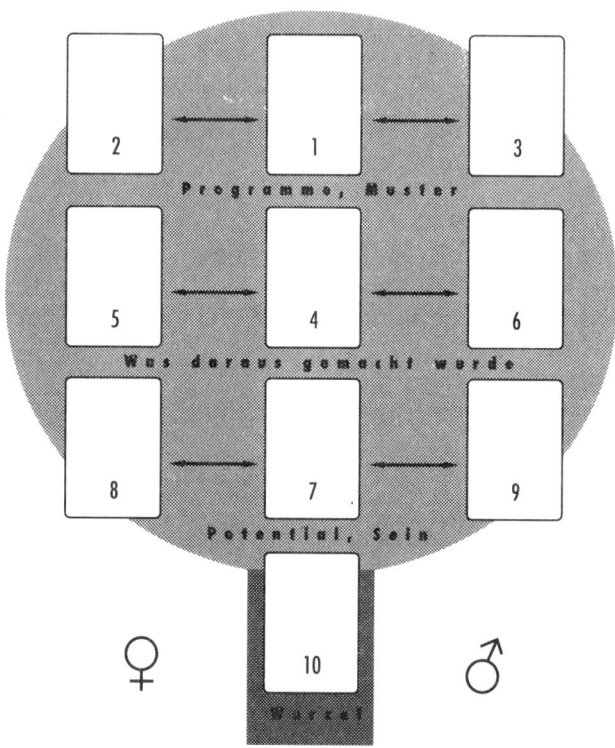

 1 = Kopf: Meine bewußten Gedanken
 2 = Einfluß, Prägung von der Mutter
 3 = Einfluß, Prägung vom Vater
 4 = Herz: Meine Gefühle
 5 = Meine rezeptive Seite, nehmen können
 6 = Meine aktive Seite, geben können
 7 = Bauch: Mein Unbewußtes
 8 = Meine Intuition
 9 = Meine Kreativität
10 = Meine Basis, die Wurzel, auf der mein Lebensbaum wächst

Gesamtüberblick
nach den vier magischen Werkzeugen:
Stab, Schwert, Kelch, Scheibe

Die vier magischen Werkzeuge des Tarot symbolisieren verschiedene Kräfte und Energien, die dem Menschen zur Bewältigung seines Lebens zur Verfügung stehen. Die Zahlenkarten der Kleinen Arkana zeigen uns die Auswirkungen dieser Energien. Jeder Mensch nützt seine Kräfte anders, je nach seiner Grundstruktur und Sozialisation. Dabei gibt es auch geschlechtsspezifische Unterschiede: Während Frauen aufgrund Ihrer Erziehung z. B. mehr Zugang und Vertrauen zu ihren Gefühlen haben, verlassen sich Männer eher auf die Kraft ihres Verstandes.

Es ist sehr lohnenswert, wenn Sie einmal einen kritischen Blick auf die Nutzung Ihres Energiepotentials werfen. Mit Sicherheit haben Sie in bestimmten Lebenssituationen beklagt, daß es Ihnen an Durchsetzungsvermögen fehlt oder daß Sie Schwierigkeiten haben, Ihre Gefühle auszudrücken. Vielleicht bedauern Sie auch manchmal, daß Ihnen Ihr kritischer Verstand zu sehr im Wege steht oder daß Sie zwar zündende Ideen haben, doch diese Geistesblitze nicht umsetzen können.

All diese Dinge weisen darauf hin, daß Ihr Energiesystem im Ungleichgewicht ist. Sie erinnern sich an das Bild des Magiers: Er hat alle vier Werkzeuge zur Verfügung. Wie wird er sie nutzen? Es ist immer Ihre Entscheidung und Verantwortung, wie Sie mit Ihrer Energie umgehen. Die folgenden vier Legesysteme sollen Ihnen helfen, ein Gleichgewicht zwischen den Energien herzustellen. Sie können dafür alle Karten oder nur die Karten des jeweiligen Elements verwenden.

Stäbe: Element Feuer

Dieses Legesystem klärt Ihren Umgang mit Ihrer Lebensenergie, Kreativität und Sexualität.

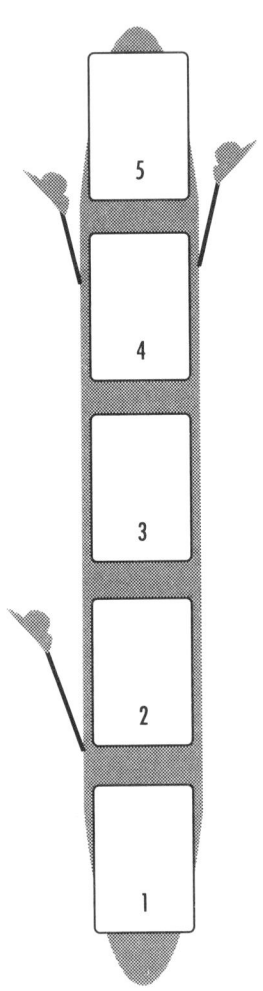

1 = Wie lebe ich meine Energie im Moment?
2 = Was ist mein wirkliches Energiepotential?
3 = Was hindert mich, meine Energie authentisch zu leben?
4 = Was hilft mir, meine Energie zu leben?
5 = Wozu sollte ich meine Energie mehr einsetzen?

Schwerter: Element Luft

Hier erhalten Sie Aufschluß über Ihre Verstandeskraft, Ihr Denken.

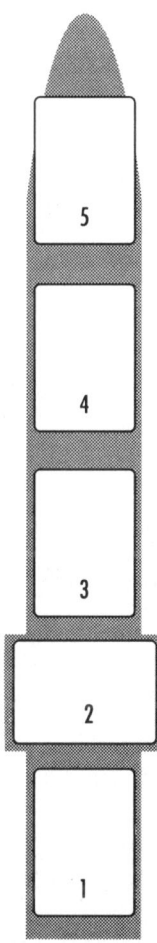

1 = Wozu oder wie nutze ich meine Verstandeskraft?
2 = Welches Negativprogramm in meinem Kopf stellt sich immer wieder quer, d. h. ist mir hinderlich?
3 = Wozu hilft mir mein Verstand?
4 = Welche Einflüsse von außen prägen mein Denken?
5 = Daraus resultierndes Ergebnis

Kelche: Element Wasser

Dieses Legesystem klärt Ihre allgemeine Gefühlslage oder auch Ihre Gefühle einem bestimmten Menschen gegenüber.

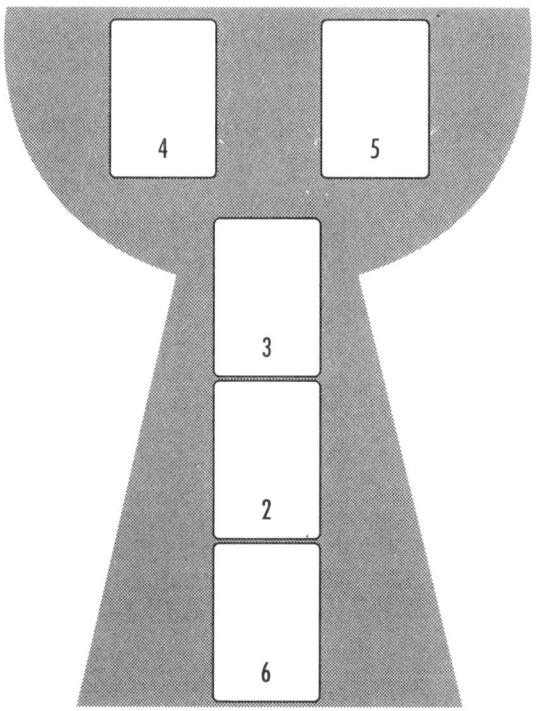

1 u. 2 = Mit welchen Grundgefühlen gehe ich durchs Leben?
3 = Woher kommen diese Gefühle (Ursache)?
4 = Wie gehe ich mit diesen Gefühlen um?
5 = Was passiert, wenn ich diese Gefühle mehr zeige, authentischer bin?

Scheiben: Element Erde

Diese Legemethode beantwortet die Frage: Wie stehe ich im Leben? Wie ist meine Beziehung zu Materie? Fühle ich mich geerdet?

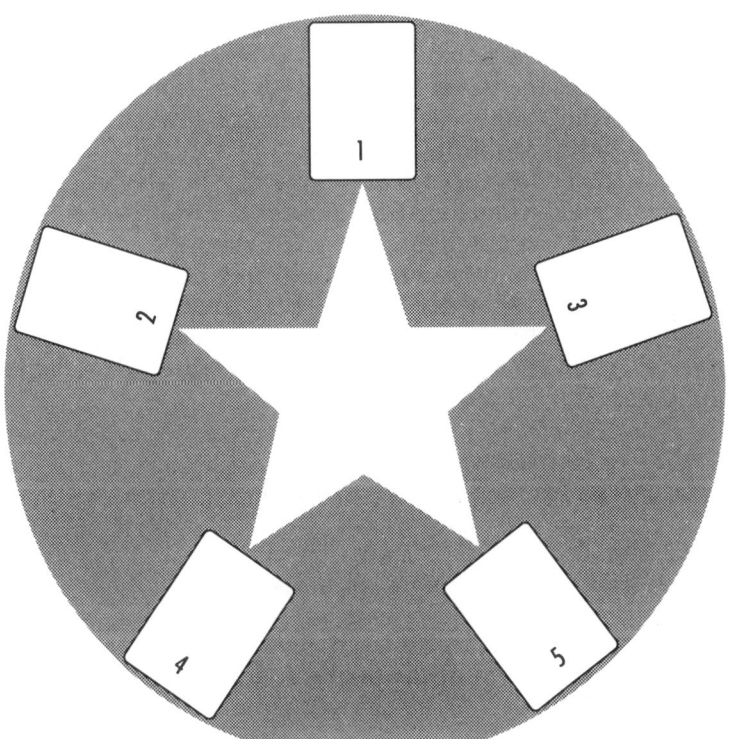

1 = Kopf: Wie setze ich meinen Verstand in der Welt ein?
2 = Wie lebe ich meine weibliche, rezeptive Seite?
3 = Wie lebe ich meine männliche, aktiv-dynamische Seite?
4 = Wo zieht es mich unbewußt hin?
5 = Wo gehe ich ganz bewußt hin?

Verhaltensmuster klären

Hinter unseren festgefahrenen Verhaltensmustern stecken immer positive oder negative Glaubenssätze, die sich aufgrund frühkindlicher Erfahrungen gebildet haben. Sie können uns im Leben äußerst hinderlich sein, denn sie beengen uns, vor allem wenn sie negativ sind, schneiden uns von unserer Spontaneität ab und begrenzen unsere Sichtweise. So können Sie zum Beispiel der festen Überzeugung sein, daß Ihre Mitmenschen Sie ablehnen, wenn Sie Ihnen zeigen, daß es Ihnen nicht gut geht, weil Sie als Kind immer nur dann Zuwendung bekamen, wenn Sie gut aufgelegt und fröhlich waren.

Mit den folgenden Legesystem können Sie herausfinden, mit welchen Verhaltensmustern und den dahinterstehenden Glaubenssätzen Sie durchs Leben gehen, inwieweit diese Ihnen hinderlich sind und was zu ihrer Auflösung beiträgt.

Finden Sie speziell zu den Karten 1 bis 4 einen Ihnen bekannten, signifikanten Glaubenssatz. Dies sollte beim Aufdecken der jeweiligen Karte möglichst spontan und ohne große Überlegung passieren. Ein kurzes Beispiel:

Karte 1: Der Herrscher
Glaubenssatz: Ich muß immer stark sein.

Karte 2: Der Tod
Glaubenssatz: Ich habe Angst loszulassen.

Karte 3: Stab 5
Glaubenssatz: Mir fällt nichts in den Schoß. Ich muß um alles kämpfen.

Karte 4: Die Sonne
Glaubenssatz: Ich muß immer lieb und nett sein, damit andere mich mögen.

Nur wenn wir uns unserer hinderlichen Gedankenstrukturen bewußt werden, können wir uns von ihnen befreien und die Wirklichkeit sehen. Ich empfehle Ihnen, nach Beendigung der Auslegung Ihre negativen Glaubenssätze in positive Affirmationen umzuwandeln (näheres siehe Kapitel »Affirmationen«).

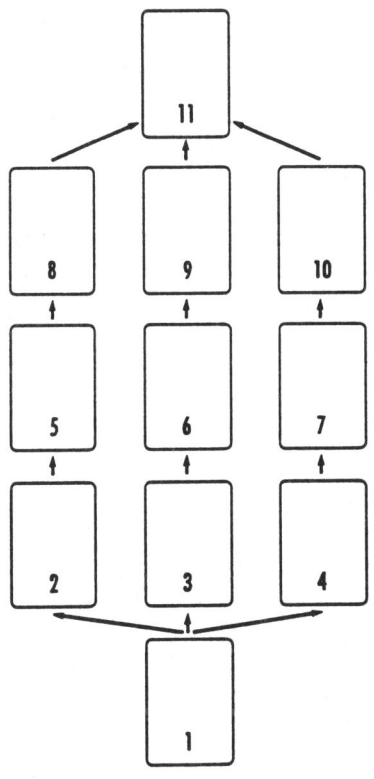

Der »Augen-Blick«

Wir sehen die Wirklichkeit nicht wie sie ist, sondern durch die Brille unserer Urteile und Überzeugungen. Unsere Wahrnehmung ist dadurch getrübt. Die folgende Übung soll Ihnen ermöglichen, Ihre Sichtweise zu überprüfen und zur »Ein- Sicht« zu gelangen. Damit meine ich, eine ganzheitliche Sicht der Dinge zu erlangen, ohne Urteile und Bewertungen.

Setzen Sie sich vor einen Spiegel, verdecken Sie eine Gesichtshälfte und betrachten Sie Ihr Auge entspannt. Verfahren Sie nach einigen Minuten ebenso mit der anderen Gesichtshälfte. Vielleicht werden Sie feststellen, daß Ihre beiden Augen völlig unterschiedlich sind. Das rechte Auge mag traurig schauen, während das linke Auge weit aufgerissen und neugierig in die Welt blickt. Konzentrieren Sie sich nun auf eine bestimmte Frage zu einem Problem (z. B.: Warum bin ich nicht erfolgreich?) und ziehen Sie zunächst die Karten 1 und 2. Decken Sie die Karten auf und beantworten Sie die gestellten Fragen. Nun schließen Sie die Augen und richten Ihren Blick nach innen. Die Karten 3 und 4 ziehen Sie mit geschlossenen Augen. Sie sagen Ihnen, was das Problem mit Ihnen zu tun hat. Lenken Sie dann Ihre Aufmerksamkeit auf Ihr Drittes Auge, das in der Mitte Ihrer Stirn zwischen den Augenbrauen liegt. Ziehen Sie nun Karte 5.

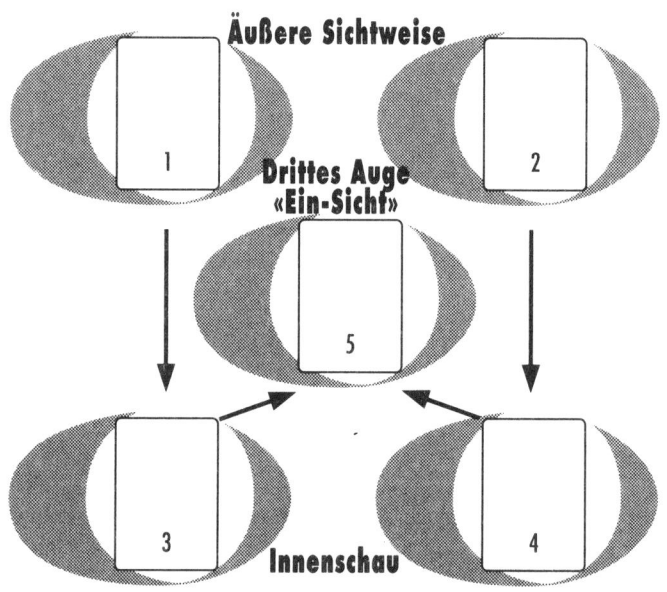

1 und 2 = Wie sehe ich das Problem?
3 und 4 = Was hat das Problem mit mir zu tun?
Wie verursache ich es?
5 = Die »Ein-Sicht« meines höheren Selbst: So wie die Dinge wirklich sind!

Alltägliche Entscheidungshilfen

»Man kann Entscheidungen auf zwei Arten vermeiden. Die eine ist: Laß andere entscheiden. Die zweite: Entscheide nie, laß dich einfach treiben. Beides ist das gleiche, denn es geht darum, die Verantwortung für deine Entscheidung nicht zu übernehmen.«   Osho

»Ich weiß nicht, was ich will!« »Ich kann mich nicht entscheiden!« Falls einer dieser Sätze von Ihnen sein könnte, gehören Sie vielleicht zu der Gruppe von Menschen, die sich seit Jahren mit großen oder kleinen Entscheidungen herumplagen, die immer die perfekte Lösung haben wollen und Angst davor haben, ihre Entscheidung könnte am Ende negative Konsequenzen haben. Aber: Keine Entscheidung ist auch eine Entscheidung! Hinter einer Entscheidungsunfähigkeit steckt der Wunsch, immer recht haben zu wollen. Wenn Sie sich nicht entscheiden, können Sie keine Fehler machen und werden deshalb auch nie enttäuscht sein. Seit unserer Kindheit wurden wir darauf getrimmt, keine Fehler zu machen. Wenn wir unentschlossen sind, können wir ein Kind bleiben. Erst in dem Moment, wo wir Verantwortung für unser Leben und die anstehenden Entscheidungen übernehmen, verlassen wir das elterliche Nest und werden erwachsen.

Doch es ist sicherer, nicht aktiv zu werden und abzuwarten, bis andere für uns das tun, wovor wir uns selbst drücken. Wenn Sie in Ihrem Leben etwas verändern wollen und eine Entscheidung treffen, kommt normalerweise große Angst hoch, zum Beispiel die Angst, etwas Angenehmes oder Sicheres aufgeben zu müssen. Sie fürchten auch, anderen zu mißfallen. Mit einer Entscheidung offenbaren Sie sich anderen Menschen. Diese werden sehen, wer Sie wirklich sind.

Wenn Sie also Ihr Leben damit verbringen wollen, das zu tun, was andere von Ihnen erwarten, dann hüten Sie sich vor Entscheidungen! Falls Sie meine Worte doch ein wenig berührt haben, empfehle ich Ihnen folgendes Spiel zu machen:

1

**Was will ich durch meine
Entscheidungsangst vermeiden?**

2

**Was bin ich nicht bereit
aufzugeben?**

Ziehen Sie dann eine beliebige Anzahl von Karten zu den verschiedenen Möglichkeiten, für die Sie sich entscheiden könnten. Legen Sie diese zunächst verdeckt hin. Schließen Sie dann Ihre Augen und drehen Sie alle Karten mit dem Bild nach oben um. Wenn Sie die Augen öffnen, antworten Sie spontan:

● Welches Bild gefällt mir am besten?
● Welche neuen Möglichkeiten eröffnet mir diese Entscheidung?

Hilfreich ist auch wieder einmal folgende Methode:

Was meint mein

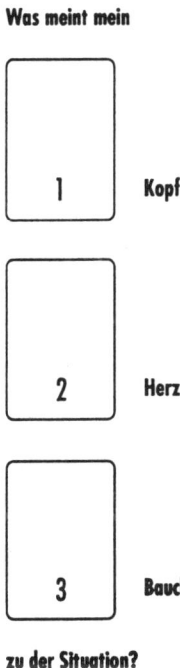

1   **Kopf**

2   **Herz**

3   **Bauch**

zu der Situation?

So ist das im Leben: Alles ist eine Sache der Wahl. Es gibt zwei Ausnahmen: Wir müssen leben und wir müssen sterben. Alles andere ist Ihre Entscheidung. Wo Sie im Moment sind, ist, wo Sie sein wollen. Niemand zwingt Sie dazu. Niemand außer Sie selbst, auch wenn Sie noch so rationale, zwingende Gründe vorzuweisen gedenken – letztendlich haben Sie irgendwann einmal, und sei es durch den alles entscheidenden ersten Gedanken, sich dafür entschieden. Wenn Sie diese essentielle Wahrheit nicht anerkennen wollen, werden Sie immer das Opfer äußerer Umstände bleiben. Treffen Sie also noch heute die nötigen Entscheidungen, nicht weil Sie es müssen, sondern weil Sie es wollen und gerne tun.

Vom Wunsch zum Ziel

»Mein einziger Wunsch ist meiner Wünsche Ruh'.«
Rückert, Weisheit des Brahmanen

Was wünschen wir uns nicht alles! Ein neues Auto, das teure Kleid vom Laden nebenan, mehr Zeit und Ruhe, eine Gehaltserhöhung, den idealen Partner, Gesundheit... Die Liste ließe sich vermutlich unendlich fortsetzen. Doch was ist es, was wir uns da wirklich wünschen?

Jeder von uns will sich gut fühlen, glücklich sein. Das ist unser Urwunsch. Es ist dieses Gefühl der Zufriedenheit und Geborgenheit, wonach wir uns alle sehnen. Und so wünschen wir uns Dinge, von denen wir glauben, daß Sie uns dieses Gefühl vermitteln. Und da die Dinge oder Partner nur eine Ersatzbefriedigung sind, entstehen immerfort neue Wünsche. Eine unendliche Reihe von Wünschen – und Enttäuschungen! Vielleicht ist es Ihnen auch schon passiert, daß das langersehnte Auto endlich in der Garage stand. Nach einigen wenigen Tagen der Freude trat mit dem Gewöhnungseffekt die gleiche Leere, die Sie vorher verspürten, wieder ein. Was war passiert? Sie haben sich mit einer Sache glücklich und zufrieden machen wollen. Sehen wir uns jetzt an, was Sie wirklich wollen und beantworten Sie sich die folgenden Fragen ehrlich. Das ist der erste Schritt:

- Was wünsche ich mir wirklich?
- Was ist von wirklichem Wert für mich?
- Was macht mich glücklich?

Diese Fragen scheinen einfach, sie sind jedoch gar nicht so leicht zu beantworten. Zu sehr haben uns die Massenmedien »verbogen« und uns Ersatzbefriedigungen suggeriert.

Übung: Der Wunsch hinter dem Wunsch
Ziehen Sie eine Karte für Ihren größten Wunsch. Anschließend befragen Sie weitere Karten nach dem Wunsch hinter diesem Wunsch, solange, bis Sie glauben, bei Ihrem Urwunsch angelangt zu sein.

Häufig haben wir Wünsche, von denen wir glauben, daß Ihre Erfüllung für uns unmöglich oder in weiter Ferne ist. Doch die

Tatsache, daß wir keine Lösung sehen, heißt nicht, daß sie nicht da ist. Wenn Sie sich selbst sagen, daß es keine Möglichkeit gibt, Ihr Geschäft zu erweitern, daß Sie kein Geld haben, um sich die teure Stereoanlage zu kaufen, daß Sie zu häßlich sind, um eine Frau zu finden, dann konzentrieren Sie sich zu sehr auf das Problem anstatt nach kreativen Möglichkeiten zu suchen, wie Sie Ihren Wunsch Wirklichkeit werden lassen können.

Ein Beispiel dafür ist, daß Sie etwas kaufen wollen. Die meisten Menschen rennen lange herum, bis sie den Laden gefunden haben, wo der ersehnte Gegenstand am wenigsten kostet. Dann überlegen sie, in welchen Bereichen sie Geld sparen können, damit sie sich diesen Gegenstand leisten können. Sie könnten jedoch genauso gut diese Energie dazu verwenden, kreative Wege zu finden, wie sie mehr Geld verdienen können, um sich das zu kaufen, was sie wollen, ohne zu sehr auf den Preis achten zu müssen.

Das folgende Legesystem wird Ihnen helfen, Ihrem Wunsch näher zu kommen, indem es Ihnen die Schritte aufzeigt, die zum Ziel führen und Sie auf eventuelle Hindernisse hinweist.

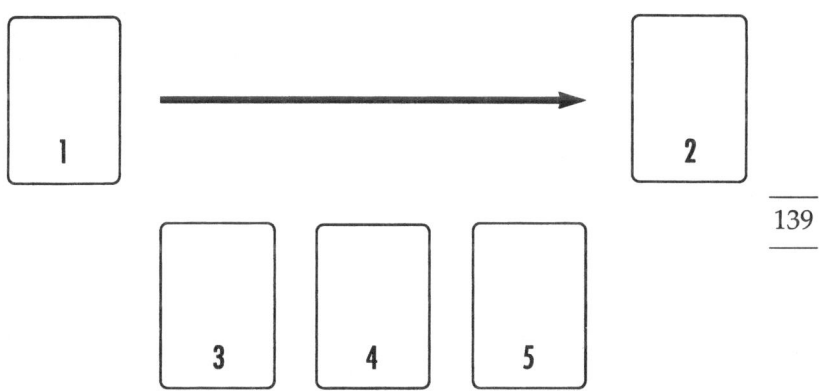

1   = Meine Ausgangssituation
2–4 = Schritte zur Zielverwirklichung oder Hindernisse
5   = Mein Ziel, die Wunscherfüllung

Doch warum ist es nur manchmal so, daß wir uns seit langer Zeit sehnlichst bestimmte Dinge wünschen, zum Beispiel einen Partner, diese aber einfach nicht eintreffen wollen? Sind wir das Opfer mißlicher Umstände oder gar der Sterne, oder tragen wir selbst etwas dazu bei? Wie ich im Kapitel »Affirmationen«

schon sagte: Die Dinge passieren nicht so, wie wir sie uns wünschen, sondern wie wir sie glauben!

Lassen Sie uns dieser Sache tiefer auf den Grund gehen. Wie sollen Sie einen liebevollen, gutaussehenden Partner finden, wenn Ihr Unterbewußtsein der Überzeugung ist, daß Sie ihn gar nicht verdienen, weil Sie zu dick oder häßlich sind? Wie soll Sie das Leben mit finanziellem Reichtum beschenken, wenn Sie mit sich selbst knausern und keinen Mut zum Risiko haben?

Lassen Sie uns also mit dem nächsten Legesystem einen ehrlichen Blick auf Ihre Glaubenssätze (Karten 2 bis 4 des nächsten Legesystems) werfen, die die Ursache dafür sind, daß Ihre Wünsche nicht in Erfüllung gehen:

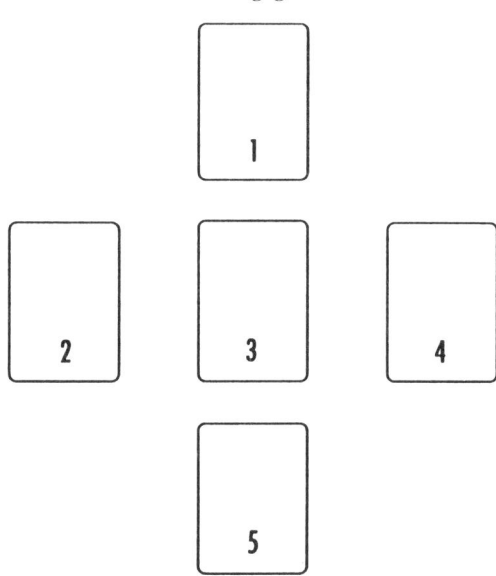

1 = Das wünsche ich mir
2 = Das glaubt mein Kopf
3 = Das fühlt mein Herz
4 = Das sagt mein Bauch
5 = Das trägt zur Wunscherfüllung bei

Es ist zwar gut, wenn Sie sich klar werden, was Sie wollen, aber es gibt einen sehr wirkungsvollen Trick, den Prozeß des Wünschens zu unterstützen: Nachdem Sie ein klares Bild Ihres Wunsches vor sich haben, lassen Sie diesen einfach wieder los. Denn durch krampfhafte, anstrengende Suche nach dem, was

Sie im Moment nicht sind oder nicht haben, verpassen Sie die Schönheit des gegenwärtigen Augenblicks. Ein wenig Vertrauen ins Leben, das Ihnen das geben wird, was Sie wirklich brauchen, gehört dazu!

Der Mann und die Frau in uns

Der Mensch ist ein androgynes Wesen. Die Tatsache, daß wir ein Mann oder eine Frau sind, bedeutet nicht, daß wir in uns ausschließlich die Veranlagungen dieses Geschlechts haben. Jeder von uns trägt sowohl männliche, als auch weibliche Anteile in sich. C. G. Jung nennt diese Anteile Animus und Anima. Sie zeigen sich in Träumen, Märchen, Mythen, der Literatur und verschiedenen Phänomenen des menschlichen Verhaltens. Kennen Sie nicht auch von sich als Mann das Gefühl, zeitweilig sehr verletzbar und weich zu sein, oder von sich als Frau die Phase, sehr stark und herrisch aufzutreten? Das sind die Momente, wo sich die Frau oder der Mann in uns meldet, um seinen bzw. ihren Teil zu leben.

Die folgende Übung soll Ihnen ermöglichen, mit Ihrer Inneren Frau und mit Ihrem Inneren Mann in Kontakt zu kommen, eine Kommunikation mit den beiden herzustellen und sie damit in Harmonie zu bringen. Denn nur wenn die Frau und der Mann in uns sich verstehen, ist es möglich, daß wir erfüllende und liebevolle Partnerschaften kreieren. Wir tragen diese Bilder männlicher und weiblicher Aspekte unbewußt in uns und suchen uns danach unsere Partner und Partnerinnen aus. Wollen wir also unsere Partnerwahl nicht mehr dem Zufall überlassen, ist es von großer Bedeutung, mit den männlichen und weiblichen Anteilen in uns in Kontakt zu kommen. Nur aus der Vereinigung der beiden Prinzipien entsteht ein vollständiges menschliches Wesen.

Bringen Sie sich in eine Position, in der Sie sich bequem fühlen. Lenken Sie Ihre Aufmerksamkeit auf Ihren Atem und entspannen Sie sich mit jedem Atemzug immer mehr. Ganz allmählich gleiten Sie so in die Entspannung und bleiben dabei doch ganz wach. Stellen Sie sich nun vor, Sie sind an einem für Sie besonderen Platz, vielleicht in einer Höhle, auf einem Berggipfel, auf einer Wiese mit herrlichen Blumen, was auch immer für Sie mystisch, magisch oder schön ist. Lassen Sie aus der Ferne nun eine Gestalt langsam näherkommen. Es ist Ihr

Innerer Mann. Sehen Sie ihn genau an. Wie sieht er aus? Betrachten Sie, wie er sich bewegt. Beginnen Sie nach einer Weile, mit den bereitgelegten Tarotkarten folgendes Legesystem zu machen:

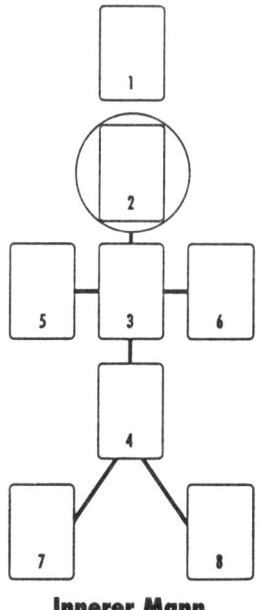

Innerer Mann

1 = Mein Innerer Mann
2 = Was denkt er?
3 = Was fühlt er?
4 = Seine Wünsche, Hoffnungen
    oder Ängste
5 = Was hat er zu geben?
6 = Was möchte er haben?
7 = Wo geht er hin?
8 = Wo zieht es ihn unbewußt hin?

Wenden Sie anschließend das gleiche Legesystem für Ihre Innere Frau an.

Wenn Sie mit Hilfe der Tarotkarten Kontakt zu Ihrem Inneren Mann und zu Ihrer Inneren Frau aufgenommen haben, lassen Sie die beiden miteinander kommunizieren:

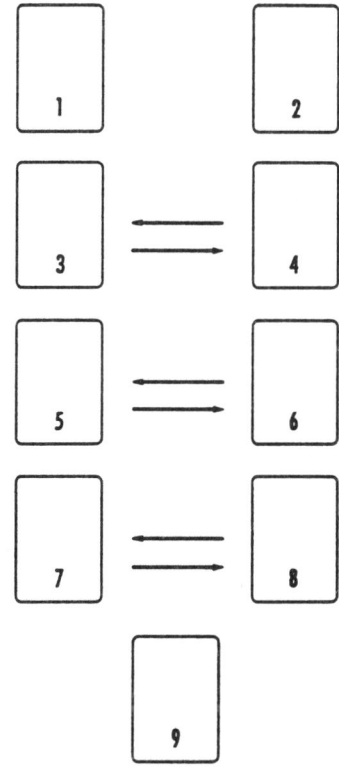

1 = Innerer Mann (Karte des vorigen Legesystems)
2 = Innere Frau (Karte des vorigen Legesystems)
3 = Welche Empfindungen, Gefühle hat meine Innere Frau gegenüber meinem Inneren Mann?
4 = Welche Empfindungen, Gefühle hat mein Innerer Mann gegenüber meiner Inneren Frau?
5 = Was wünscht sich meine Innere Frau von meinem Inneren Mann?
6 = Was wünscht sich mein Innerer Mann von meiner Inneren Frau?
7 = Ein Geschenk der Inneren Frau an den Inneren Mann
8 = Ein Geschenk des Inneren Manns an die Innere Frau
9 = Welche Auswirkungen hat die Freundschaft zwischen meinem Inneren Mann und meiner Inneren Frau auf mein Leben?

Beziehungen/Partnerschaft

»Allein fühlt ihr euch einsam, und in einer Beziehung fühlt ihr euch unglücklich. Das ist eine alltägliche Beobachtung.«

Osho

Ein wichtiger Teil unseres Lebens sind Beziehungen. Mit wenigen Ausnahmen, wo Menschen mit sich allein bleiben, suchen wir immer wieder nach Partnern, mit denen wir ein Stück des Lebens, manchmal sehr kurz, manchmal sehr lang, gehen. Dabei kommt es nach der anfänglichen Verliebtheitsphase natürlich auch zu Spannungen und Disharmonien. Diese kann man entweder unterdrücken, wegschweigen, »übergehen«, als Normalfall ansehen, in Streit und Kampf vorübergehend ihre Energien freisetzen, aber damit ist ihre Ursache nicht geklärt. Tiefer zu schauen, warum etwas geschehen ist und was... kann das Tarot helfen zu erkennen. Wie bei vielen anderen Situationen verbirgt sich der wahre Grund, bzw. die »richtige« Frage hinter dem Offensichtlichen. Also sollten Sie mutig weiterfragen und einen klärenden Blick auf Ihre Gefühle und die Ihres Partners werfen.

Beziehungen sind immer ein Lernfeld und wir schaffen uns bewußt oder unbewußt genau die Situation, in der wir das erfahren und lernen können, was zu unserer Vervollkommnung fehlt. Diese Spiegelfunktion des Partners anzuerkennen und wertzuschätzen fällt uns häufig schwer, denn gerade in einer intimen Partnerschaft ist es nicht immer angenehm, was wir in diesem Spiegel an Schatten und Ängsten sehen. Die Auseinandersetzung mit dem anderen ist in Wirklichkeit eine Auseinandersetzung mit sich selbst.

Das bedeutet Arbeit an der Beziehung und an mir selbst. Nur allzu leicht verlieren wir uns in Traumvorstellungen, Projektionen und Erwartungen, die uns zwangsläufig zu »Ent-Täuschungen« führen. Viele Menschen verlassen schon nach einer kurzen Zeit des Verliebtseins ihre Partner, um sich nicht ihren Schatten stellen zu müssen. Das hat zur Folge, daß sich die Aufgabe, sich mit einem anderen Menschen zu konfrontieren, immer wieder neu gestellt wird. Nein, weglaufen ist keine Lösung, nur ein Aufschieben. Für viele besteht das ganze Leben aus einem Weglaufen und Aufschieben – das ist sehr anstrengend und verhindert jegliches Wachstum. Wenn man einmal in einen richtigen Wirbelsturm gekommen ist, weiß man, daß sich in seinem Zentrum ein Platz absoluter Stille befindet. Diesen Platz absoluter Stille findet man auch in seinen Beziehungen, wenn man durch die Außenseite des Sturms, der einen kräftig durchschütteln wird, gegangen ist.

Begründet sich eine Partnerschaft auf den Wunsch nach Nähe aus einem Mangel an Intimität mit sich selbst oder der Unfähigkeit, mit anderen Menschen ganz allgemein eine Beziehung herzustellen, so führt sie zu Abhängigkeit und damit zu einer subtilen Ablehnung des Partners. Nur wer mit sich alleine glücklich ist und eine Partnerschaft aus der Fülle seines Herzens heraus eingeht, wird eine große Freiheit und Bereicherung erfahren.

Unser Bewußtsein hat sich bereits über den Punkt hinaus entwickelt, wo wir Kompromisse schließen müßten, um existenzielle Sicherheit durch den andern zu gewährleisten (das gilt nur für jetzt und hier in unserem hochzivilisierten Land). Wir brauchen Partnerschaften nicht mehr, um wie in der Vergangenheit zu überleben. Deshalb müssen wir eine völlig neue Beziehungsebene schaffen und die einfache Wahrheit anerkennen, daß die wahre Beziehung die Beziehung zu uns selbst ist.

Wir sollten dabei auch nicht vergessen, daß die Sehnsucht nach Einheit mit einem anderen Menschen in Wirklichkeit die Sehnsucht nach dem Wiedergewinn unserer kosmischen Einheit ist, nach der Überwindung der Dualität. Diese Sehnsucht kann letztendlich nie völlig auf die Dauer durch einen anderen Menschen gestillt werden. Wenn wir das verstehen und die Selbstverantwortung für unser Leben übernehmen, können unsere Beziehungen statt einer Zwangsjacke eine Bereicherung sein.

Was Sie heute über Ihre Beziehung sagen, muß nicht für immer gelten. Schon morgen können Sie sich und Ihren Partner ganz anders sehen und erleben. Denn eine Beziehung unterliegt, wie das gesamte Leben, einer ständigen Wandlung. Nur wenn wir an einem statischen Zustand festhalten, machen wir uns unglücklich und werden unzufrieden.

Die Kunst einer erfüllenden Partnerschaft liegt in der Fähigkeit des ständigen Neuerlebens der Beziehungssituation und des Loslassens alter Formen, Gewohnheiten und Verhaltensmuster. Deshalb sollten die Ergebnisse Ihrer Tarot-Befragung nicht als endgültige Wahrheit, sondern als Momentaufnahme gewertet werden.

Gemeinsame Klärung der Beziehungssituation

Das folgende Legesystem kann entweder allein, oder mit einem Partner zusammen gelegt werden. Die mit einem Stern versehenen Karten werden dann vom Partner gezogen, die Karten mit zwei Sternen ziehen Sie zusammen, indem Sie Ihre Hände aufeinanderlegen und Ihrer gemeinsamen Energie folgen.

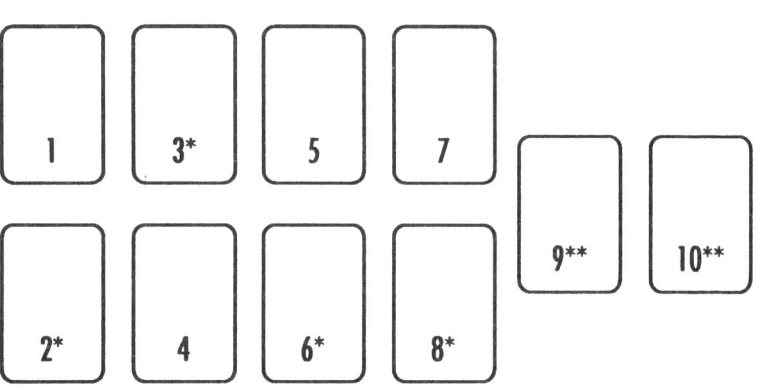

1 = An welchem Punkt in meinem Leben stehe ich ganz persönlich im Moment?
2 = An welchem Punkt steht mein Partner?
3 = Wie sieht mich mein Partner?
4 = Wie sehe ich ihn?
5 = Was bringe ich an Problematik in die Beziehung mit?
6 = Was bringt mein Partner an Problematik mit?
7 = Was kann ich von meinem Partner lernen?
8 = Was kann er von mir lernen?
9 = Was ist potentiell für die Beziehung möglich?
10 = Ratschlag – was hilft uns weiter?

Klärung von Beziehungsmustern

Falls sich in Ihren Beziehungen ein bestimmtes Muster wiederholt, Sie sich zum Beispiel immer wieder den gleichen Typ von
Mann oder Frau aussuchen und wiederholt die gleichen Probleme auftauchen, bewährt sich folgende Legemethode:

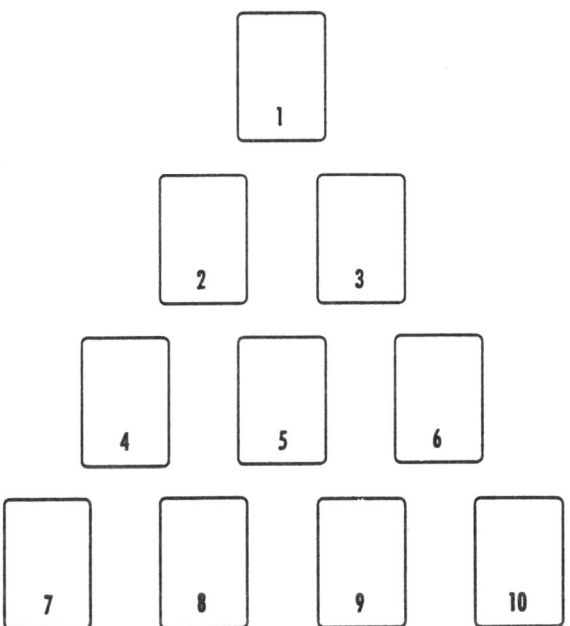

1 = Mein Ausdruck: Wie kommuniziere ich in Beziehungen?
2 = Meine Rezeptivität: Wo fühle ich mich hingezogen?
3 = Meine Aktivität: Wie schaffe ich Beziehungen oder was
    tue ich aktiv dazu?
4 = Wichtiger Schritt, den ich in der Vergangenheit hinsicht-
    lich Beziehungen gemacht habe.
5 = Meine momentane Situation
6 = Mein nächster Schritt
7 = Selbsteinschätzung: Wie sehe ich mich selbst?
8 = Fremdeinschätzung: Wie sehen mich andere?
9 = Bestimmte stereotype Rolle in Beziehungen, die ich able-
    gen sollte.
10 = Bestmögliches Ergebnis

Partnersuche

Wenn Sie zu den scheinbaren »Pechvögeln« gehören, die seit längerer Zeit einen Partner suchen, jedoch keinen oder den »richtigen« nicht finden, dann sollten Sie sich einmal überlegen: Ist dies wirklich nur ein unglücklicher Zufall, oder tragen Sie selbst zu der Situation etwas bei?

Manche Menschen sind ihr Leben lang auf der Suche nach dem »Ideal«partner und wenn Sie ihn gefunden haben, laufen sie unter einem nichtigen Vorwand weg. So können Sie weiter träumen, sich Illusionen hingeben und diese Distanziertheit ist weniger gefährlich als die Nähe und Intimität mit einem anderen Menschen. Als Beispiel mag eine gute Freundin von mir dienen: Sie litt lange Zeit sehr unter der Beziehung zu einem verheirateten Mann, der sie zwar abgöttisch liebte, jedoch seine Frau nicht aufgeben wollte. Als ich sie einmal fragte, wie es denn für sie wäre, wenn ihr Freund überraschend mit einem Koffer in der Hand vor der Tür stehen würde, sagte sie erschreckt: »Oh Gott! Alles, nur das nicht!«

Wir alle beginnen unser Leben in großer Intimität mit einem anderen Menschen, im Bauch unserer Mutter. Nach und nach mußten wir uns von ihr lösen und lernen, auf eigenen Beinen zu stehen. Und doch tragen wir noch immer diese Sehnsucht nach Geborgenheit in uns. Meist suchen wir danach im Außen und vergessen, wieviel wir uns selbst geben können.

Beantworten Sie die folgenden Fragen ehrlich. Damit zwei Menschen sich finden, müssen Sie zuerst sich selbst gefunden haben. Nur dann ist die wirkliche Begegnung mit einem anderen Menschen möglich.

1 = Wie offen ist mein Herz für eine neue Partnerschaft?
2 = Was tue ich aktiv dazu, jemandem Neuen zu begegnen?
3 = Wie reagiere ich, wenn jemand auf mich zugeht?
4 = Meine Bedürfnisse: Was wünsche ich mir von einem neu-
      en Partner, einer neuen Partnerin?
5 = Inwieweit bin ich in der Lage, mir das selbst zu geben?

Unvollendete Trennung – Loslassen

Vielleicht befinden Sie sich in der Situation wo Sie sich von
Ihrem Partner trennen möchten, aber diese Trennung aufgrund
einer noch bestehenden Attraktion nicht vollziehen können.
Oder Sie sind bereits räumlich von Ihrem Partner getrennt, Ihr
Partner hat Sie verlassen, aber Sie können ihn nicht loslassen.
Für diese Situation schlage ich Ihnen das folgende Spiel vor, das
Ihnen klar machen soll, was Sie immer noch mit diesem Men-
schen verbindet:

1 = In welche Richtung gehe ich?
2 = In welche Richtung geht mein Partner?
3 = Was verbindet mich noch mit diesem Partner, was hält
    mich in der Beziehung?
4 = Welche Qualitäten muß ich für mich entwickeln, um mich
    frei zu fühlen? Welchen Teil von mir muß ich mehr ausle-
    ben, zulassen, um diesen Partner nicht mehr zu brauchen?
5 = Mögliches Ergebnis

Tarot-Encounter

Encounter heißt Begegnung. Vielleicht kennen Sie diesen Begriff aus Therapiegruppen, wo man in einem geschützten Rahmen lernen kann, dem anderen alles zu sagen, was man denkt und fühlt. Diese Therapieform ist ein tiefes Erlebnis, denn wer von uns hat schon gelernt, anderen Menschen wirklich offen und ehrlich zu begegnen.

Wenn Sie Schwierigkeiten in der Kommunikation mit einem anderen Menschen haben, können Sie einen Encounter mit Hilfe des Tarot machen. Dabei sollen die Karten nicht dazu dienen, einen Streit auszutragen, sondern zu einer Einigung zu führen.

Legen Sie also zuerst einmal das Ziel fest, das Sie durch den Encounter erreichen wollen. Formulieren Sie es so genau wie möglich, z. B.: »Wir wollen uns einigen, wie wir mit unserem Geld umgehen!« Es kann sehr hilfreich sein, wenn Sie eine Person Ihres Vertrauens hinzuziehen, die überwacht, daß die Regeln eingehalten werden und die unparteiisch das Spiel leitet. Ziehen Sie zunächst einmal folgende Karten:

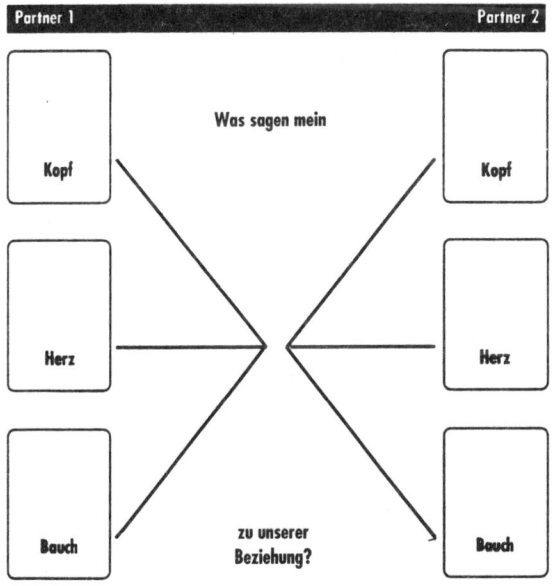

Während ein Partner spricht, hört der andere still zu, ohne zu unterbrechen.

Ziehen Sie danach immer abwechselnd eine Karte, bis Sie alles ausgesprochen haben, was Sie Ihrem Partner sagen wollten und der Konflikt gelöst ist. Formulieren Sie Ihre Aussagen kurz und prägnant. Vermeiden Sie Vorwürfe! Sprechen Sie über Ihre Empfindungen, Gefühle, Befürchtungen und Bedürfnisse, indem Sie Ihre Aussagen mit »Ich...« beginnen. Seien Sie wirklich ehrlich, denn nur Ihre Offenheit kann Klarheit in Ihren Beziehungskonflikt bringen.

Bedanken Sie sich abschließend bei Ihrem Partner für seine Geduld, sein Verständnis und die Bereitschaft, sich mit Ihnen auseinanderzusetzen.

Sexualität

»Sex ist der Ausgangspunkt der Reise in der Liebe.«

Osho

Sexualität ist die Urkraft im Menschen, die uns am Leben erhält, aus der wir entstanden sind. Fast alle Menschen sind mit der Fähigkeit zu normaler sexueller Empfindung und Reaktion geboren. Doch als Kinder wurde den meisten von uns erzählt, daß Sex etwas Schlechtes, ein lästiges Übel oder sogar Sünde sei. Man spricht nicht darüber, was unter der Gürtellinie ist.

In den letzten Jahrzehnten hat eine sogenannte sexuelle Revolution stattgefunden. Doch hat sie uns wirklich von sexuellen Tabus, Ängsten und Zwängen befreit oder wurde der gesellschaftliche Leistungsdruck und Perfektionismus lediglich auf diesen Bereich übertragen? Hat die Flucht in übertrieben ausgelebte Sexualität nur den kindlichen Wunsch nach Nähe, Geborgenheit und Anerkennung kaschiert? Wenn wir die Leserbriefe in Zeitschriften studieren, wird ersichtlich, daß viele Menschen sexuelle Probleme haben. Dabei ist das wirkliche Problem nicht der Sex, sondern Unaufrichtigkeit und ein Mangel an Kommunikation. Viele Männer halten sich für großartige Liebhaber, kennen aber die wirklichen Bedürfnisse ihrer Frauen nicht im geringsten. Manche stehen unter dem Zwang sexuelle Höchstleistungen zu erbringen, um sich selbst ihre nichtvorhandene Stärke und Überlegenheit zu beweisen. Leistungen, die gar nicht erforderlich sind, um den Urwunsch der Frau nach Liebe, Wärme und Anerkennung zu befriedigen. Frauen sind häufig noch zu schweigsam und scheuen sich, ihre Bedürfnisse zu äußern, aus Angst, ihren Partner zu verlieren oder schockieren.

Ein befreites, freudvolles Sexualleben fördert jede Beziehung und stimuliert das Wohlbefinden und die emotionale Gesundheit. Viele glückliche Beziehungen hatten ihren Anfang in einer starken sexuellen Attraktion. Wenn diese Attraktion nachläßt, ist das sehr natürlich, wenn sich die Energie in den Bereich des Herzens, der Liebe, des Mitgefühls und Freundschaft verlagert hat. Dann bedarf es vor allem bei Männern der Einsicht, daß häufiger oder heftiger Sex nicht unbedingt sein muß, um Mann zu sein. Eine Gratwanderung ist für viele die Zeit der nachlassenden Sexualität oder besser gesagt des Triebes. Es gibt die Möglichkeit, nach außen zu gehen und sich schnell noch einmal in viele Sexabenteuer einzulassen oder nach innen zu gehen und sich der Ruhe und Entspannung zu erfreuen.

Und wenn der Sex immer noch stark die Beziehung betont, dann sollte man das nicht als zweifelhaftes Element betrachten (vielleicht sind wir nur deswegen zusammen? Lieben wir uns eventuell gar nicht richtig?), sondern sich darüber freuen. Klären Sie das, wenn Sie trotzdem leise Zweifel haben mit dem später folgenden Legesystem (siehe S. 131).

Der folgende Legesystem wird zunächst einmal Licht in Ihr Sexualleben bringen und Ihnen helfen, ehrlicher mit sich und Ihrem Partner zu kommunizieren.

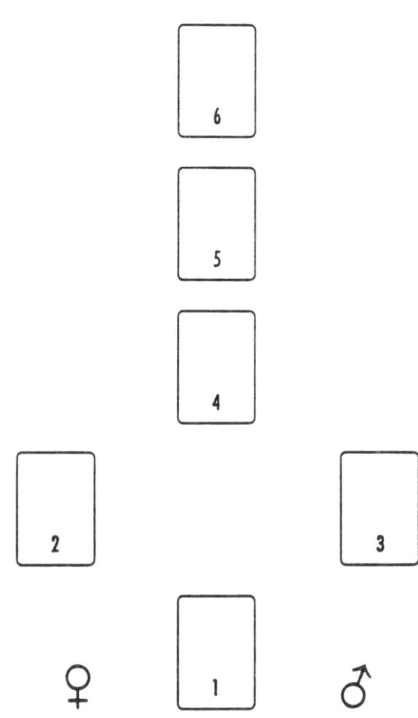

1 = Wie erlebe ich meine Sexualität im Moment?
2 = Wie lebe ich meine männliche Seite (aktiv, fordernd sein)?
3 = Wie lebe ich meine weibliche Seite (passiv, hingebend sein)?
4 = Was sollte ich in meinem Sexualleben mehr ausleben und zeigen?
5 = Was sind meine Bedürfnisse und Wünsche an meinen Partner?
6 = Mögliche Veränderung, Ergebnis

Oftmals sind wir nicht mehr in der Lage, unser schleichendes Unbehagen auszudrücken oder fühlen uns nicht erfüllt von unserem Partner. Wenn Sie nicht sofort und ehrlich aussprechen, was Sie stört oder verletzt, entsteht eine zeitliche Kluft zwischen dem Geschehen und dem Aussprechen, die eine problemlose Kommunikation erschwert. Das folgende Legesystem soll Ihnen helfen, wieder ein Bild von Ihrem Partner/Ihrer Partnerin zu erhalten und Ihre sexuelle Beziehung vom Staub der Gewohnheit und Nichtausgesprochenem zu befreien.

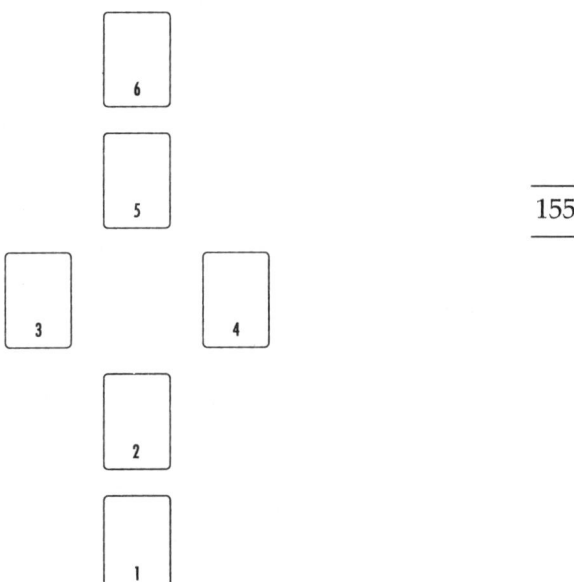

1 = Wie erlebe ich die Sexualität meines Partners/meiner Partnerin im Moment?

2 = Wie wünsche ich mir meinen Partner/in?
3 = Wie wird mein Partner sich fühlen, wenn er/sie so ist wie in Karte 2?
4 = Wie werde ich mich dann fühlen?
5 = Wie wird unsere Beziehung dadurch sein?
6 = Mögliches Ergebnis

Für diejenigen, die den Stellenwert ihrer Sexualität überprüfen wollen (denn wir sind alle durch Erziehung und Zeitgeist konditioniert), empfehle ich das folgende Legesystem, mit dem Sie auch einen Blick auf andere Werte Ihrer Beziehung werfen können.

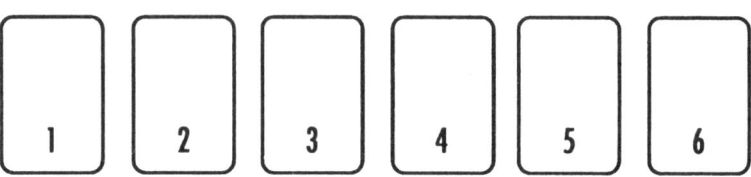

1 = Meine sexuelle Beziehung zu meinem Partner ist durch diese Karte repräsentiert
2 = Meine Herzensbeziehung zu meinem Partner ist durch diese Karte repräsentiert
3 = Meine finanzielle Beziehung mit/durch meinen Partner stellt diese Karte dar
4 = So fühle ich mich in der Gesellschaft durch meinen Partner (gesellschaftliche Anerkennung/Status)
5 = Unsere Kommunikationsebene
6 = Mein allgemeines Lebensgefühl wird durch meinen Partner beeinflußt. Dieser Einfluß entspricht dieser Karte

Betrachten Sie die Karten gewissenhaft, welche Karte für Sie die stärkste Aussagekraft bzw. Wirkung auf Sie hat. Versuchen Sie die Karten zu werten, in welcher Reihenfolge die verschiedenen Bereiche für Sie in Ihrer Beziehung wichtig sind, ob sie konfliktfrei oder konfliktgeladen sind. Jetzt können Sie ganz genau sehen, welchen Stellenwert Ihre Sexualität in der Beziehung hat. Es könnte sich zeigen, daß Ihre sexuelle Beziehung an und für sich gar nicht das Problem ist, sondern Ihre Kommunikationsebene. Und ganz wichtig: Das gilt nur für diese Beziehung und für diesen Moment.

Krankheit

Neben Umwelteinflüssen, falscher Ernährung, Streß... sind psychische Probleme die Hauptursache für Krankheiten. Störungen im Körper sind oft das letzte Notsignal, wenn wir nicht unserer wahren Energie folgen und unseren Gefühlen nicht genügend Beachtung schenken. Die Tatsache, daß wir selbst (nämlich unser Verstand) eine große Rolle bei der Auslösung oder Beendigung einer Krankheit spielen, scheinen wir gerne zu übergehen. Statt Verantwortung für unsere körperlichen und seelischen Leiden zu übernehmen, begeben wir uns in eine Opferrolle, geben äußeren Einflüssen dafür die Schuld und benutzen Krankheit nicht selten dazu, unsere Mitmenschen zu manipulieren und zu beherrschen.

Krankheit – richtig verstanden – ist immer ein Weg, uns gesund zu machen. Gesund in dem Sinne, in Einklang mit unseren Gefühlen zu leben und dem Ruf der inneren Stimme nach Erfüllung Folge zu leisten. Warum bekomme ich in einer bestimmten Situation immer Kopfschmerzen? Was hat mir der ständige Druck im Magen zu sagen? Warum kann ich nachts nur so schlecht schlafen?

Jede Krankheit birgt eine Botschaft in sich, einen Hinweis auf ein Ungleichgewicht in unserer Lebensweise. Werfen Sie mit Hilfe der Karten einen ehrlichen Blick auf Ihre Krankheiten und finden Sie Alternativen, die Ihre Leiden überflüssig machen. Auch wenn in Ihren Augen alles dafür spricht, daß Sie das Opfer widriger Umstände sind, so sollten Sie sich doch fragen, welchen Beitrag Sie zu Ihrer Krankheit leisten und was Sie tun können, um wieder gesund zu werden. Unterschätzen Sie Ihre Selbstheilungskräfte nicht! Sie sind der einzige, der Sie heilen kann. Fangen Sie bei der Ursache an, anstatt am Symptom zu arbeiten und diesem zuviel Aufmerksamkeit zu schenken.

Noch ein Gedanke zum Thema Krankheit: Wenn es uns schlecht geht, werden wir viel häufiger von unseren Mitmenschen als »normal« akzeptiert. Wir haben dann auch immer genügend Gesprächsstoff, um nicht über unser wirkliches Befinden zu reden und erhalten die Zuwendung und das Mitleid anderer.

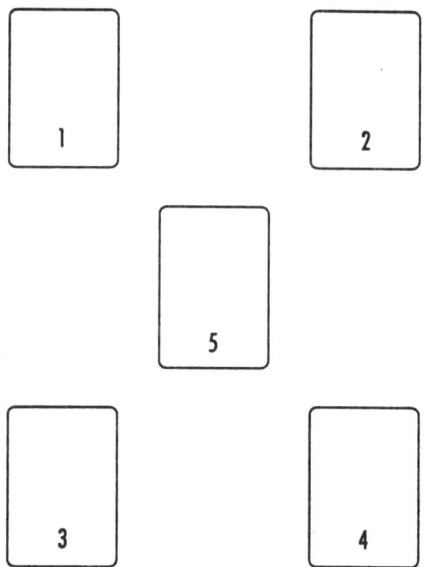

1 = Was vermeide ich durch die Krankheit? (z. B. meine Wut auszudrücken)
2 = Welchen »positiven« Effekt hat die Krankheit für mich? (z. B. Zuwendung)
3 = Was ist hinderlich, die Krankheit zu überwinden?
4 = Was ist hilfreich, die Krankheit zu überwinden? Was kann ich tun?
5 = Mögliches Ergebnis

Sucht

Unsere Gesellschaft ist süchtig. Alles, was man ständig tut oder nicht mehr lassen kann, ist eine Sucht. Sucht ist eine Kompensation unseres inneren Hungers nach einem lebendigen, authentischen Sein. Statt diesen Hunger mit Lebendigkeit zu stillen, greifen wir zu Ersatzbefriedigungen wie Alkohol, harte Drogen, Essen, Zigaretten, Arbeit, Macht, Geld, Sicherheit, Spiele, Risiko, Sex und nicht zuletzt Habsucht. Dabei leiden wir körperlich und emotional mehr unter den Ersatzdingen und -handlungen als den Ursachen der Süchte. Die Öffentlichkeit wird schockiert mit Statistiken. Man steht dem Phänomen Sucht hilflos gegenüber und statt nach den wirklichen Ursachen zu fragen, werden Symptome bekämpft.

Der Arzt Dr. Rüdiger Dahlke bringt einen neuen interessanten Ansatz: Viele Suchtmittel kommen aus dem kultischen Bereich, z. B. Nikotin von den Zeremonien der Indianer, der Wein im Dionysoskult oder in der christlichen Meßfeier... Je mehr in einer Gesellschaft das Kultische fehlt, desto größer ist die Neigung zu Süchten. Dr. Dahlke sieht Sucht als Suche, als einen Wegweiser zu dem, was uns wirklich fehlt.

Falls Sie unter einer Sucht leiden, müssen Sie sich diese zunächst einmal eingestehen. Denn nur dann ist eine Veränderung möglich. Lassen Sie wieder einmal die Tarotkarten Ihr Helfer bei der Beantwortung der folgenden Fragen sein:

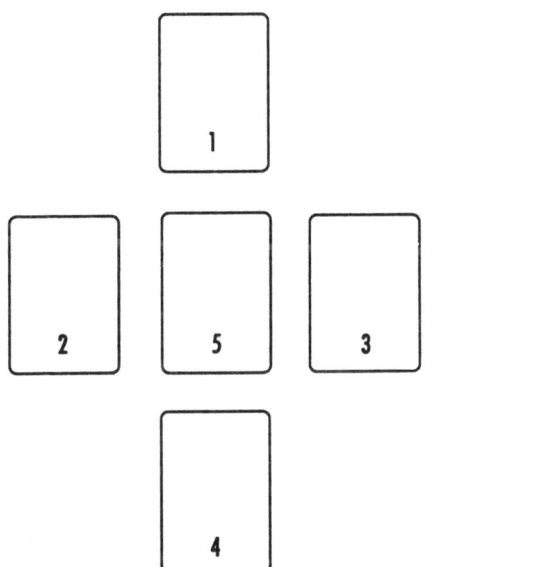

1 = Was suche ich wirklich?
2 = Welche Vorteile bringt meine Sucht?
3 = Was fehlt mir, wenn ich nicht... (trinke, rauche, esse, arbeite...)
4 = Wie groß ist meine Bereitschaft, die Sucht aufzugeben?
5 = Was ist möglich, wenn ich die Sucht aufgebe?

Geld

Unser Verhältnis zu Geld ist sehr zwiegespalten. Auf der einen Seite haben wir es zu unserem Lebensinhalt gemacht, zum Instrument der Macht, zum Sicherheitsersatz und zum Statussymbol. Existenzängste und mangelndes Selbstwertgefühl erzeugen Habgier und ein übertriebenes Anhäufen von materiellen Dingen.

Auf der anderen Seite verachten wir Geld und kreieren Glaubenssätze wie: »Geld macht auch nicht glücklich!« oder »Geld ist schmutzig und verdirbt den Charakter!« Religionen sind so weit gegangen, daß sie Armut als erstrebenswerten Zustand darstellen, der uns einen Platz im Himmelreich sichert. Das garantierte denen, die Geld und Macht hatten, daß man nicht an ihrem Stuhl rüttelte und sie noch mit Geld versorgte.

Wir können Geld nicht neutral und vorurteilsfrei als das sehen, was es in Wirklichkeit ist, nämlich eine Abstraktion, ein Symbol der kreativen Kraft in uns, die in unbegrenztem Maße vorhanden ist. Statt dessen haben viele von uns gelernt: »Geld muß hart verdient werden!« Wir müssen also »dienen«, Entbehrungen auf uns nehmen, um zu Geld zu kommen und im »Schweiße unseres Angesichts« unser täglich Brot verdienen. Wenn es nur um die Befriedigung der Grundbedürfnisse ginge, also »unser täglich Brot«, wäre gar nicht soviel Geldverdienen und Schweiß erforderlich. Aber nein, wir müssen noch mehr Geld haben, um andere Bedürfnisse zu befriedigen.

Es ist uns kaum vorstellbar, daß Geld leicht und mühelos zu uns findet, wenn wir unserer Energie vertrauen und nur das tun, woran wir Freude haben. Diese Energie ist bei jedem von uns individuell verschieden. Für den einen mag es richtig sein, stürmisch und feurig vorzugehen, für den anderen stimmt das Abwarten oder das Arbeiten in der Stille und Abgeschiedenheit. Um dies mit Tarotkarten zu verdeutlichen: es besteht ein großer Unterschied, ob ich die Karte »As der Stäbe« oder die Karte »Der Eremit« ziehe.

Die folgenden Legesysteme sollen Ihnen helfen, ein gesundes, konstruktives Geldbewußtsein zu entwickeln, Geld weder zu verurteilen, noch zu einem Gott zu machen, sondern es in spielerischer Weise zu Ihrem Wohlbefinden zu nutzen.

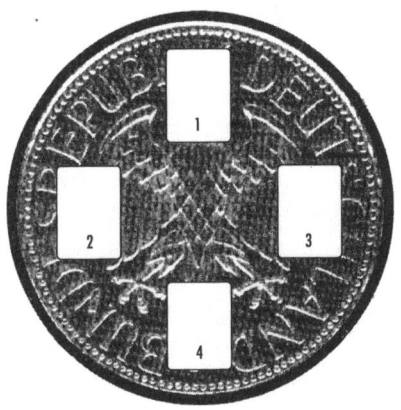

1 = Was ist meine Einstellung zu Geld?
2 = Was hindert mich daran, meine Kreativität in Geld umzu-
    setzen?
3 = Welcher Energie soll ich folgen, womit sollte ich mein Geld
    verdienen?
4 = Mögliches Ergebnis

Da Geld nur harmonisch fließen kann, wenn unser Geben und
Nehmen in Einklang miteinander sind, möchte ich folgende
Legeweise vorstellen:

1 = Welche Beziehung habe ich zu Geld?
2 = Was bin ich bereit zu empfangen?
3 = Was bin ich bereit zu geben?
4 = Daraus resultierendes Ergebnis

Reich-sein heißt reich »sein«!

Arbeit, Beruf

Im Bewußtsein vieler Menschen ist Arbeit ein lästiges Übel, eine Plage der Menschheit: Arbeiten müssen, um zu überleben. Arbeit und Freizeit sind streng getrennt. Sie opfern viele Stunden ihres Tages einer unliebsamen Beschäftigung und haben sich damit abgefunden, ohne sich jemals Gedanken darüber zu machen, daß Arbeit auch Spaß und Freude machen kann. Vielleicht ließen sie sich als Jugendliche von ihren Eltern dazu überreden, einen Beruf zu ergreifen, der zwar gesellschaftlich von Nutzen und anerkannt ist, vielleicht auch viel Geld einbringt, der jedoch ihrem Wesen, ihren Talenten und Begabungen überhaupt nicht entspricht.

Aber der Preis ist zu hoch: Entfremdete Arbeit ist letztendlich Prostitution, der Verkauf der Arbeitskraft. Die Folgen davon sind nicht selten Streß, Krankheit und die Unfähigkeit, in der wenigen Freizeit zu entspannen und das Leben zu genießen.

Die Trennung von Arbeit und Freizeit reißt den Menschen aus seiner Gesamtharmonie. Beruf sollte auch Berufung sein, nicht den Existenzängsten, sondern dem inneren Ruf folgen.

Ihre Arbeit kann nur dann erfüllend und befriedigend sein, wenn Sie all Ihren Bedürfnissen, Vorstellungen und Gefühlen gerecht wird. Da sind zunächst einmal unsere elementaren Bedürfnisse wie Essen, Trinken, Kleidung und ein Dach über dem Kopf. Darüber hinaus haben wir das Verlangen nach emotionaler Sicherheit und Geborgenheit. Auch Freundschaft und Anerkennung durch andere ist wichtig für uns. Ein weiteres Bedürfnis ist gesellschaftliche Anerkennung, ein soziales Image, Status, Karriere. Unser größter Wunsch ist jedoch der Wunsch nach Selbstverwirklichung, dem Erblühen unseres inneren Wesens.

Keines dieser Bedürfnisse darf übersprungen oder mißachtet werden. Wenn Sie Ihre Existenzängste oder Geborgenheitssehnsüchte einfach übergehen, wird sich das irgendwann rächen. Wollen Sie also herausfinden, welcher Beruf zu Ihnen paßt, müssen Sie einen ehrlichen Blick auf Ihre Bedürfnisse werfen.

Doch es geht nicht nur um das, was wir tun, sondern wie wir es tun. Erwarten Sie keine Wunder und Zustände der Ekstase, wenn das anfängliche Engagement in Ihrem Job längst vorbei ist und Sie sich nur noch widerwillig zur Arbeit schleppen!

Mit den folgenden Legemethoden können Sie die Einstellung zu Ihrer Arbeit klären und herausfinden, welche Bedürfnisse in Ihrem Beruf abgedeckt werden.

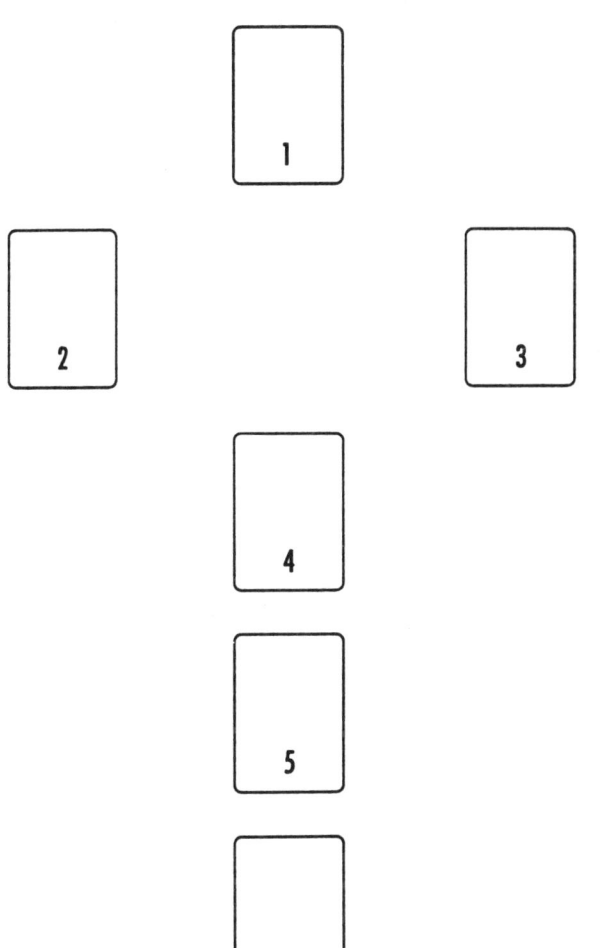

1 = Welche Einstellung habe ich zu meinem Beruf, zu meiner Arbeit?
2 = Welches meiner Bedürfnisse wird am meisten befriedigt?
3 = Welches meiner Bedürfnisse kommt zu kurz?
4 = Was kann ich tun (oder lassen), damit mir meine Arbeit mehr Spaß macht?
5 = Welche Entfaltungsmöglichkeiten bietet mir meine Arbeit?
6 = Resultat

Eine Veränderung Ihrer Arbeitssituation muß nicht immer dramatische Wechsel zur Folge haben. Können Sie sich innerhalb Ihres Arbeitsplatzes, Ihrer Firma eine andere Arbeit vorstellen und diese ausführen? Vielleicht können Sie mit Ihren Fähigkeiten und mit etwas Zeit zum Umlernen eine ganz andere, befriedigendere Arbeit ausführen!

Haben Sie schon öfters gedacht, daß Sie die Arbeit dieses oder jenes Menschen lieber machen würden, weil in dessen Team, Büro, Werkstatt, Firma eine angenehme Arbeitsatmosphäre ist? Hier liegt oft ein wichtiger Schlüssel für die Leichtigkeitkeit und Freude, mit der man zur Arbeit geht und diese ausführt. Also, schauen Sie sich an, ob das Problem vielleicht an den zwischenmenschlichen Beziehungen, den Vorgesetzten oder dem Produkt Ihrer Arbeit liegt:

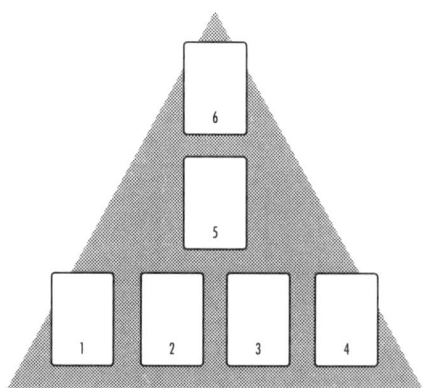

1 = Wie empfinde ich das Verhältnis zu meinen Kollegen?
2 = Wie empfinde ich das Verhältnis zu meinen Vorgesetzten?
3 = Wie sehe ich das Produkt meiner Arbeit?
4 = Wie sehe ich die Bezahlung für meinen Einsatz?
5 = Wie sollte ich mit dem Problem (den Problemen) umgehen?
6 = Mögliches Ergebnis.

Sollten Sie zu dem Ergebnis kommen, daß Sie einen neuen Beruf ergreifen wollen, d. h. weder andere Umstände, Produkte oder Vorgesetzte zu einer positiven Einstellung zu Ihrer jetzigen Arbeit führen können, dann stellt sich von selbst die Notwendigkeit, einen anderen Beruf zu ergreifen. Aber welchen? Oftmals fühlt man sich lange Zeit wie in einem undurchdringlichen Nebel der Unwissenheit und Unentschlossenheit, was man tun soll und wann man einen entscheidenden Schritt tun soll. Die meisten möchten natürlich nichts von ihrem jetzigen finanziellen Status verlieren oder ängstigen sich vor einer unsicheren Zukunft. Diese Hürde zu überspringen ist am schwersten und wichtigsten. Dabei ist der richtige Zeitpunkt eines Wechsels sehr wichtig. Das folgende Legesystem wird Licht ins Dunkel bringen:

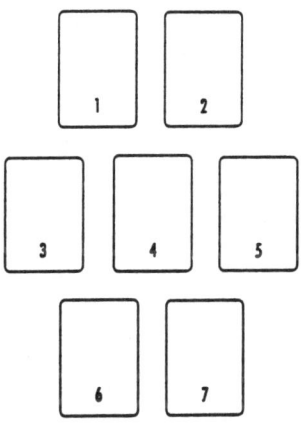

1 = Was bekomme ich durch meine jetzige Arbeit?
2 = Was will ich wirklich, wo geht meine Kreativität hin?
    Wie würde ich mich mit dieser neuen Arbeit (Kann ein Wunsch, eine Idee, eine Fiktion sein) fühlen:
3 = Alternative 1
4 = Alternative 2 (sofern mehr als 1 Alternative)
5 = Alternative 3 (sofern mehr als 2 Alternativen)
    – bei mehr Alternativen entsprechend mehr Karten ziehen und nebeneinander legen –

6 = Mit welcher Energie soll ich an die berufliche Veränderung herangehen (abwartend, beobachtend oder spontan, aktiv)

7 = Was wäre, wenn ich zu einem vorgegebenen Zeitpunkt meine Veränderung einleite (nehmen Sie einen festen Termin)?

Vergleichen Sie zuerst die Karten Ihrer Berufsalternativen (Karte 3–5 oder mehr) mit Karte 2. Wo finden Sie die größtmögliche Übereinstimmung? Dann schauen Sie weiter nach der Energie, mit der Sie Ihre Veränderung einleiten, und schließlich nach dem Zeitpunkt, den Sie sich vorgenommen haben. Gibt Ihnen Karte 7 das Gefühl der Sicherheit und Freude oder sieht sie bedrohlich, schwer, kämpferisch aus? Ist es der Ritter der Schwerter (Stärke), der Narr (Leichtigkeit), 7 Stäbe (schwere Arbeit/Auseinandersetzung) oder 2 Scheiben (Unentschlossenheit)?

Chakralesen

Lassen Sie uns nun einen Schritt weiter in den Bereich des Feinstofflichen tun. Was Mystiker und Weise schon vor Jahrtausenden gewußt haben, darauf stoßen moderne Wissenschaftler bei der Erforschung der kleinsten Bausteine der Materie und des Universums in zunehmendem Maße: Unser Körper besteht letztendlich aus Leere und Schwingung oder Rhythmus.

So scheint es uns nur natürlich, daß der Mensch nicht nur einen physischen Körper, sondern auch einen Energiekörper hat. Die alten chinesischen Ärzte haben sich dieses Wissen zunutze gemacht. Unsere Lebensenergie verläuft, so sagen sie, in bestimmten Bahnen, an der Kreuzung von Kraftlinien liegen Energiezentren, die sogenannten Chakren. Chakra ist ein Sanskritwort und bedeutet Rad. Und so sind die Chakren als Energiewirbel, als Sender und Empfangsorgane zu verstehen, die je nach dem psychischen und physischen Wohlbefinden eines Menschen aktiv sind.

Es gibt 7 Hauptchakren. Sie existieren nicht in unserem physischen Körper, stehen aber mit ihm in Verbindung, nämlich mit den endokrinen Drüsen.

Darüber hinaus öffnen sich die Chakren in dem Maße, in dem sich unser Bewußtsein entwickelt:

Das erste Chakra, das zwischen Anus und Sexualorgan lokalisiert ist, steht für unseren Überlebenswillen, unsere Sexenergie, Verbindung zur Erde und körperliche Koordination.

Das zweite Chakra liegt unterhalb des Nabels und ist das Zentrum für das erotische Empfinden, das Erleben von Emotionen und Erfülltsein, d. h. wo Sie andere nicht mehr brauchen, sondern sich selbst genügen und zufrieden sind.

Beim dritten Chakra, das sich unterhalb des Brustbeins im Solarplexus befindet, entwickeln Sie Lebenskraft, die Stärke, Gefühle auszudrücken, rohe Emotionen meistens, und fangen an sich zu fragen: Wer bin ich eigentlich?

In dem Moment, wo Sie ihr inneres Wesen entdecken, öffnet sich Ihr Herz und Sie finden Liebe, Freundschaft und Mitgefühl (viertes Chakra). Daraus entsteht Kreativität, Empfindsamkeit und die Fähigkeit des Kommunizierens, das fünfte Chakra im Hals öffnet sich. Wenn sich Ihr Drittes Auge zwischen den Augenbrauen (= sechstes Chakra) einmal geöffnet hat, das Ihnen Visionen, Intuition gibt und Sie sich selbst wiedererkennen, wenn Bewußtsein da ist, dann ist der Schritt zum univer-

Kronenchakra (Scheitel)	7	Verbindung zum kosmischen Bewußtsein
Drittes Auge (Stirn zwischen den Augenbrauen)	6	Intuition, Fähigkeit, wirklich zu „sehen"
Kehlkopfchakra (Hals)	5	Kommunikation (aktiv und rezeptiv)
Herzchakra (Herz)	4	Liebesfähigkeit Hingabe, Vertrauen Mitgefühl
Solarplexus (unter dem Rippenbogen)	3	Durchsetzungsvermögen Selbstbehauptung und -darstellung, Power
Sexchakra (2 Finger breit unter dem Bauchnabel)	2	Emotionen, Sexualität
Wurzelchakra (am Ende der Wirbelsäule)	1	Überlebensmechanismen Verbindung mit der Erde Lebenswille

sellen Bewußtsein des auf der Kopfmitte befindlichen siebten Chakras nicht mehr weit. Darüberhinaus steuern die Chakras, da sie auf die endokrinen Drüsen wirken, sowohl die Funktionen aller Muskeln, Glieder, Systeme und Organe unseres Körpers als auch viele Emotionen. Auf mehr möchte ich hier nicht eingehen, sondern es bei dieser kurzen Beschreibung belassen, denn dafür gibt es viele gute Bücher.

Die 7 Chakren liegen auf einer gedachten Linie vom Anus bis zur Mitte der Schädeldecke in der Mitte Ihres Körpers. Ziehen Sie für jedes Chakra eine Karte. Legen Sie dabei eine Hand auf das beschriebene Chakra (siehe Legesystem) und treten Sie damit in Verbindung zu der jeweiligen Energie. Sie erhalten so Aufschluß über die Funktionsweise Ihrer Chakren und Hinweise, wo Blockaden und Störungen vorliegen.

Kapitel 9

Spielereien mit Zahlen

Seit Urzeiten haben sich die Menschen mit Zahlen beschäftigt. Vor allem im Orient, wo graphische Zeichen zugleich Zahlen und Buchstaben des Alphabets waren, und bei den Chinesen spielten Zahlen eine wichtige Rolle: Bei anstehenden Entscheidungen wurden die Zahlen befragt und dadurch viele Lebensbereiche beeinflußt.

Ähnlich wie die Farben sind Zahlen Träger bestimmter Schwingungen und Symbole. Sie können uns einen tiefen Einblick in das Woher und Wohin unseres Lebens bringen, können uns zum Ursprung und Ziel unseres Daseins fühlten. Sie »erzählen« uns von geistigen Gesetzen und vom Entwicklungsgang unserer Seele. Die Verknüpfung von Wort und Zahl ist somit von immenser Bedeutung für das Verständnis universeller Gesetzmäßigkeiten.

Vielen Menschen fällt der Zugang zu den abstrakten Zahlen schwerer als der zu Farben, Tönen oder Düften, da diese sinnlich erfahrbarer sind. Natürlich können wir Zahlen in rein mathematischem Sinne betrachten, analytisch-quantitativ. Wir können mit ihnen Mengen und Größen bestimmen, herausfinden, wer mehr und wer weniger hat. Doch um wieviel spannender ist es, die Qualität der Zahlen zu erfahren und zu verstehen, daß das Ganze mehr ist, als die Summe seiner Teile und daß jeder Teil das Ganze in sich trägt. Das verstanden schon die alten Meister der Kabbala (Jüdische Geheimkosmonogie) und Pythagoras, der Weise aus Samos, die die Wissenschaft der Numerologie (Zahlenmystik) ins Leben riefen. Selbst Albrecht Dürer befaßte sich mit der Zahlenmystik und brachte sie in seine Werke mit ein.

In der heutigen Zeit ist der Mensch ein Gefangener von Zahlen. Be-Zahlung steht an erster Stelle, Stunden, Kilometer werden ge-zählt, Schulden abbe-zahlt. Obwohl so viel von Zahlen gesprochen wird, haben wir – wie auf vielen anderen Gebieten – ihre wahre Bedeutung vergessen. Es scheint dringend nötig, den Zahlen einen neuen Stellenwert zu geben und ihre geheimnisvollen Zusammenhänge mit den kosmischen Gesetzen wieder zu entdecken.

In diesem Kapitel möchte ich Sie in Kürze mit dem Geheimsinn der Zahlen bekannt machen und Sie ermutigen, die Tarotkarten hinsichtlich ihrer Zahlensymbolik zu betrachten. Der geheime Sinn der Zahlen wird in ihnen besonders deutlich. Dadurch werden Sie neue und tiefere Einsichten in das Verständnis des Tarot gewinnen. Selbstverständlich werden auch zahlreiche Rechenspiele vorgestellt, mit deren Hilfe Sie sich in Ihrem Leben neu orientieren können. Aus Geburtsdatum, Namen usw. lassen sich allerhand interessante Rückschlüsse auf Ihr Leben ziehen. Sie sollten dies nicht »bierernst«, sondern spielerisch tun. Lassen Sie sich von den Ergebnissen Ihrer Berechnungen verblüffen!

Der Geheimsinn der Zahlen

0

So wie schwarz oder weiß eigentlich keine Farben sind, so ist Null die Nicht-Zahl, Nichts und alles in einem. Die Null ist Symbol der Leere, der Quelle, des Ursprungs, der allem Bedeutung verleiht. Sie ist die Zahl, die alles enthält. Alle latenten unbegrenzten Möglichkeiten sind in ihr verborgen, wie das Küken im Ei. Null ist Ausdruck der göttlichen Schöpferkraft und unseres schlummernden Potentials.

1

Eins ist die Zahl, die in allen anderen Zahlen enthalten ist und aus der alle Zahlen entstehen. Sie ist Keim, Saatkorn und symbolisiert den Anfang, den Menschen in seiner Einheit, jenseits von Dualität und Tod. Sie ist die Zahl des »Ichs« in meinem «All-eins-sein«, allerdings noch ohne Bewußtsein darüber. Sie fordert uns auf, uns auf unsere Ein-heit zurückzubesinnen.

2

Die Zwei repräsentiert die Welt der Dualität. Sie ist die Zahl der Beziehung zu unserer Umwelt. Diese Welt drückt sich aus in verschiedenen Polaritäten: Tag und Nacht, Mann und Frau, kalt und warm, laut und leise, Sommer und Winter... Die Zwei fordert uns auf, vom »Entweder-oder«-Denken zum »Sowohlals-auch«-Denken vorzudringen, denn sonst ernten wir Ent-zwei-ung, Ver-zwei-flung, Zwei-fel, Zwie-tracht.

3

Die Drei ist die Zahl der hinter jeder Dualität stehenden Einheit der Überwindung der Gegensätze, Zahl des Tao. Alle schöpferischen Faktoren im Leben haben drei Aspekte:
- Vergangenheit, Gegenwart, Zukunft,
- Geburt, Leben, Tod,
- »Aller guten Dinge sind drei« sagt eine alte Volksweisheit.

4

Die Vier ist Sinnbild der Materie, der irdischen Bindung, der Realität des täglichen Lebens, seiner Aufgaben und Prüfungen. Sie lehrt uns, daß wir im Stofflichen gebunden sind und daß in allem, was uns begegnet, ein Sinn liegt, den zu erforschen und anzunehmen unsere Aufgabe ist.

Es gibt vier Himmelsrichtungen, vier Jahreszeiten, vier Elemente, vier Symbolfarben beim Tarot...

5

Die Fünf symbolisiert einen Neuanfang. Unser Herz öffnet sich, wir treten aus dem Stofflichen heraus und beginnen einen spirituellen Weg.

Der Mensch hat fünf Sinne, fünf Finger, fünf Zehen...

6

Die Sechs ist die Zahl der Mitte, der Harmonie, Schönheit, aber auch der sexuellen Kraft und der Liebe. Symbol der Sechs ist das Hexagramm, ein Sinnbild der Vereinigung von Mann und Frau, materieller und spiritueller Welt, Himmel und Erde. Sechs ist die Zahl der Erlösung und Auferstehung.

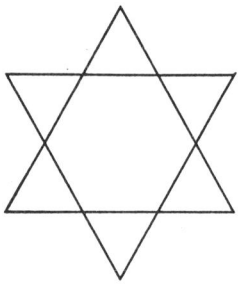

7

Die Sieben ist seit Urzeiten als heilige und geheimnisvolle Zahl bekannt. Sie ist die Zahl der Wandlung, der Grenzüberschreitung, der Vervollkommnung und Zahl der Meditation.

Der Regenbogen hat sieben Farben, die Woche sieben Tage, die Tonleiter sieben Töne, der Mensch besitzt sieben Chakren usw. Der Körper des Menschen erneuert sich in sieben Tagen. Auch die Entwicklung des Menschen vollzieht sich in Siebener-Schritten:

7 Jahre: Schuleintritt
14 Jahre: Pubertät
21 Jahre: Volljährigkeit...

Auch im Märchen spielt die Zahl Sieben eine große Rolle: Sieben Raben, Sieben Zwerge...

8

Die Acht symbolisiert eine Zeit der Prüfung, der Gratwanderung. Der Mensch verfügt über bestimmte Kräfte und Fähigkeiten. Hier stellt sich die Frage nach M-acht, nach dem Ego. Acht-e oder ver-acht-e ich mich und andere Menschen? Hier gilt es, acht-sam zu sein!

Die Acht ist die Zahl der Ethik, der Achtung vor dem Leben. Ihr Symbol ist die Lemniskate, Zeichen der Unendlichkeit.

9

Mit der Neun beginnt etwas völlig Neues. Alle Kräfte sind auf die Verwirklichung der göttlichen Idee ausgerichtet. Die Neun ist die Zahl der spirituellen Vollendung, der Zerstörung des Ego, Zahl des Dienens und der Hingabe.

Sie können zu jeder beliebigen Zahl neun addieren, ihre Quersumme wird immer die gleiche bleiben. Auf den Menschen übertragen heißt das: Wo immer ich auch bin, was immer um mich herum geschieht, ich habe mich selbst gefunden und bleibe in meiner Mitte, heiter und gelassen.

Soweit die Zahlenreihe von eins bis neun. Alle weiteren Zahlen entstehen aus ihr und sind eine Komposition der Energien der jeweiligen Zahlen.

Lassen Sie uns jetzt mit den Zahlen spielen. Breiten Sie die Tarotkarten nach Zahlenreihen geordnet vor sich aus. Betrachten Sie nun die Bilder im Hinblick auf ihre Zahlensymbolik. Hier ein paar Anregungen:

Warum besteht ein Tarotspiel aus 78 Karten? 7 + 8 = 15 = Der Teufel, das heißt das Studium der Karten führt uns zu unseren verborgenen Seiten und hilft uns, Licht in die Dunkelheit zu bringen.

1 + 5 = 6 = Die Liebenden, das heißt, wenn Licht in die Schattenwelt dringt, entsteht daraus Liebe.

Es gibt 21 Trumpfkarten (Große Arkana). Die 2 und die 1 sind vereint: »Ich« und »Du« werden eins in der Selbstfindung.

Machen Sie Ihre eigenen Gedankenspielereien. Warum zum Beispiel ist der Magier die Karte Nummer 1? Was hat die Zahl 9 mit dem Eremiten zu tun?

Betrachten Sie unbedingt auch die Kleinen Arkana und ihre Entwicklung und Veränderung der jeweiligen Energien von 1 bis 10. Tauchen Sie beispielsweise ein in die Welt der Schwerter und sehen Sie, was passiert, wenn gedankliche Energien zu stark werden und der Kopf überhand nimmt.

Stellen Sie den Bezug zwischen Karten mit zweistelligen Zahlenwerten und den Karten ihrer Quersummen her. Was haben sie gemeinsam? (z. B. 15 = Teufel und 1 + 5 = 6 = Die Liebenden).

Die Welt der Zahlen und ihre geheimnisvolle Bedeutung kann Ihnen viele neue Einsichten zum Verständnis des Tarot bringen. Spielen Sie mit ihnen!

Im folgenden Kapitel möchte ich Ihnen einige numerologische Spielereien vorstellen, die Sie mit Hilfe der Tarotkarten durchführen können.

Karma, Charakter, Lebensziel

In der Numerologie (nach Reichstein) werden jedem Buchstaben des Alphabets oder Buchstabenverbindungen bestimmte Zahlen zugeordnet:

A	= 1
B	= 2
C, K	= 11
D	= 4
E	= 5
F, P, PH	= 17
G	= 3
H, Ch	= 8
I, Y, J	= 10
L	= 12
M	= 13
N	= 14
O	= 16
Q	= 19
R	= 20
S	= 21
T	= 9
U, V, W	= 6
X	= 15
Z	= 7
SH, SCH	= 18
TS, TZ	= 18
TH	= 22
Ä, Ö, Ü	= A, O, U
ß	= SS (21 + 21)
QU	= Q + U (19 + 6)

Addieren Sie jetzt die Zahlenwerte der Buchstaben Ihres Vor- und Zunamens, den Sie bei Ihrer Geburt hatten. Nehmen Sie also nicht, wenn Sie geheiratet haben, Ihren jetzigen Familiennamen. Bilden Sie davon die Quersumme, bis Sie eine Zahl unter 21 erhalten. Vergleichen Sie nun das Ergebnis mit den Großen Arkana. Ist die errechnete Zahl 22, so bezieht sie sich auf die Karte »Der Narr«.

Diese Zahl gibt Ihnen Auskunft über Ihre Charakterkarte im Tarot (Große Arkana). Sie zeigt Ihre Persönlichkeit, Ihre Schwächen und Stärken, die Art und Weise, wie Sie sich in der Welt präsentieren und verhalten. Sie kann auch Hinweise darauf geben, welche Persönlichkeitsaspekte Sie noch entwickeln müssen.

Beispiel:
HELMUT WAGNER
$8 + 5 + 12 + 13 + 6 + 9 + 6 + 1 + 3 + 14 + 5 + 20 = 102$
$1 + 0 + 2 = 3$
Die Charakterkarte von Helmut Wagner ist die 3 = Die Herrscherin.

Addieren Sie nun die Zahlen Ihres Geburtsdatums. Bilden Sie, wenn nötig, wieder die Quersumme. So erhalten Sie Ihre Karmakarte, die Ihnen sagt, was Sie aus früheren Leben als Aufgabe in dieses Leben mitgebracht haben.

Beispiel:
Geburtsdatum: 15. 4. 1953
$1 + 5 + 4 + 1 + 9 + 5 + 3 = 28$
$2 + 8 = 10$
Diese Karmakarte ist das Lebensrad.

Wenn Sie jetzt die beiden Quersummen aus Ihrem Namen und dem Geburtsdatum addieren, erhalten Sie die Zahl Ihres Lebensweges. Sie gibt Ihnen Auskunft über die Aufgaben und Lektionen, die Sie auf Ihrem Weg zur Selbstverwirklichung noch zu erledigen haben.

Im Falle Helmut Wagners heißt das
Charakter = 3
Karma = 10
$3 + 10 = 13$
Die Karte seines Lebensweges ist der Tod.

Der Herzens- oder Seelendrang

Aus der Summe der Vokale des Namens ergibt sich die Zahl für den Herzens- oder Seelendrang. Sie weist darauf hin, was Sie in Ihrem Leben wirklich suchen. Tiefe Herzenswünsche werden deutlich, auch die Art und Weise, wie Sie in Herzensangelegenheiten agieren. Diese Karte zeigt uns auch unsere verborgenen Kräfte und verweist auf den Zugang zu unserem inneren Wesen.

Beispiel:
HELMUT WAGNER
$5 + 6 + 1 + 5 = 17$
Der Herzens- oder Seelendrang von Helmut Wagner ist Karte 17 = Der Stern.

Beziehungskarte

Wenn Sie wissen wollen, welche Beziehung Sie zu einem bestimmten Menschen haben, was Sie verbindet und was Sie gemeinsam zu lernen haben, addieren Sie die Zahlen Ihres Lebensweges (Namen und Geburtsdatum) und des Lebensweges Ihres Partners und bilden Sie daraus bei einer Zahl über 22 wieder die Quersumme.

Jahreskarte

Die Jahreskarte zeigt Ihnen Aufgaben und Lernsituationen, die Ihnen das gegenwärtige Lebensjahr (von einem Geburtstag zum nächsten) bringen. Sie zeigt Herausforderungen und Entwicklungsmöglichkeiten für Ihr weiteres Wachstum.
So errechnen Sie die Jahreskarte:
Addieren Sie Tag und Monat Ihrer Geburt und das gegenwärtige Jahr und bilden Sie von dieser Zahl die Quersumme.

Beispiel:
Geburtsdatum: 15. 4. 1954
Jetziges Jahr: 1992
Jahreskarte: 15. 4. 1992
1 + 5 + 4 + 1 + 9 + 9 + 2 + = 31
3 + 1 = 4
Karte 4 = Der Herrscher
Das Thema dieses Jahres ist der Herrscher.
Selbstverständlich können Sie mit dieser Methode auch die Karten vergangener oder zukünftiger Jahre berechnen.

Die Tageskarte

Um herauszufinden, welche Karte an einem bestimmten Tag für Sie von Bedeutung ist und welche Energien Ihnen in besonderem Maße zur Verfügung stehen oder hemmend wirken, nehmen Sie die Quersummenzahlen Ihres Geburtsdatums und des Datums des heutigen Tages. Ziehen Sie von der größeren Zahl die kleinere Zahl ab und bilden Sie wenn nötig die Quersumme.

Beispiel:
Geburtsdatum: 15. 4. 1953
1 + 5 + 4 + 1 + 9 + 5 + 3 = 28
Heutiges Datum:
13. 6. 1992
1 + 3 + 6 + 1 + 9 + 9 + 2 = 31
31 – 28 = 3
Karte 3 = Die Herrscherin

Die Quersummenkarte

Die Quersummenkarte kann zum Abschluß von jeder Tarotsitzung ermittelt werden. Egal wie viele Karten Sie gezogen haben, ob Sie nach einer festen Legemethode vorgingen oder das Spiel sich frei entwickelte, addieren Sie den Zahlenwert sämtlicher Karten, wobei die Hofkarten nicht zählen, und bilden Sie daraus die Quersumme, Sie erhalten so die Quintessenz Ihres Spiels und bekommen Hinweise, wie Sie am besten mit dem Thema Ihrer Befragung umgehen.

Hier einige Hinweise:

1   Der Magier
Ergreifen Sie die Initiative und seien Sie aktiv! Sie haben die
Kraft und die Fähigkeiten dazu, die Dinge in die Richtung zu
lenken, wie Sie es wünschen.

2   Die Hohepriesterin
Vertrauen Sie Ihrer Intuition, Ihrer inneren Stimme! Noch ist
die Zeit zu handeln nicht reif. Haben Sie Geduld, alles ist richtig
so wie es ist!

3   Die Herrscherin
Ihre mütterlichen, weiblichen Qualitäten werden Ihnen helfen,
das Problem zu lösen. Vertrauen Sie Ihrer Stärke und Kreativität.

4   Der Herrscher
Bringen Sie Klarheit und Ordnung in Ihre Situation! Gehen Sie
dabei konsequent, zielstrebig und realistisch vor! Verlieren Sie
sich nicht in unerreichbare Tagträume.

5   Der Hohepriester
Versuchen Sie, die Wahrheit der momentanen Situation her-
auszufinden! Vertrauen Sie dem Spiel der Existenz und sehen
Sie die Verbundenheit aller Dinge.

6   Die Liebenden
Öffnen Sie Ihr Herz! Wenn Sie anderen mit Verständnis und
Liebe begegnen, so werden auch Sie Liebe und Verständnis
bekommen. Geben Sie Ihre Distanziertheit auf.

7   Der Wagen
Nehmen Sie Ihr Leben in die Hand! Übernehmen Sie Verant-
wortung für sich selbst, anstatt sie auf andere abzuschieben.
Fassen Sie Ihr Ziel klar ins Auge.

8   Gerechtigkeit
Hören Sie auf zu urteilen und vertrauen Sie einer »höheren«
Gerechtigkeit. Wie Sie in den Wald hineinrufen, so schallt es
zurück.

9 Der Eremit
Haben Sie keine Angst vor dem Alleinsein. Nur in der Zurückgezogenheit können Sie erkennen, was für Sie richtig ist und was Ihnen in Ihrem Leben wirklich wichtig ist.

10 Das Schicksalsrad
Statt sich über das Auf und Ab Ihres Lebens zu beklagen, lernen Sie, anders damit umzugehen und sich nicht mit allen kleinen Widrigkeiten des Lebens zu identifizieren. Geben Sie sich dem Fluß des Lebens hin, denn nur Ihr Widerstand und Ihre Bewertung der Situation erzeugt die Probleme, die Sie haben.

11 Kraft
Sie sind stark und haben die Kraft, alles das zu erreichen, was Sie wollen. Folgen Sie Ihrer Lebenslust anstatt die Kraft gegen sich zu richten.

12 Der Gehängte
Versuchen Sie doch, die Dinge einmal anders zu sehen. Öffnen Sie Ihren Blick für Neues. Halten Sie inne anstatt vorschnell zu urteilen. Legen Sie die Brille Ihrer eingefahrenen Denkmuster ab!

13 Der Tod
Lassen Sie los von allem, was in Ihrem Leben nicht mehr stimmt und was Sie behindert. Natürlich macht das Neue und Unbekannte Angst. Davon sollten Sie sich jedoch nicht aufhalten lassen. Noch nie war das Leben so intensiv wie jetzt!

14 Mäßigkeit
Handeln Sie jetzt aus Ihrer Mitte, Ihrem Zentrum heraus und vermeiden Sie es, zu sehr in Extreme zu gehen. Wägen Sie das Für und Wider ab, ohne allzu zaghaft zu werden.

15 Der Teufel
Werden Sie sich Ihrer Schattenseiten, Ihrer Abhängigkeit bewußt und versuchen Sie nichts unter den Teppich zu kehren. Ehrlichkeit ist angesagt! Wenn Sie Ihre Machtspiele erkennen, können Sie davon loslassen und liebevollere, erfülltere Beziehungen zu Ihren Mitmenschen haben.

16 Der Turm
Auch wenn alles um Sie im Moment zusammenstürzt, Sie werden wachgerüttelt und der Weg für Neues wird frei. Die Mauern Ihres eigenen Gefängnisses stürzen ein, schon bald werden Sie frisch und klar ein neues Kapitel Ihres Lebens aufschlagen.

17 Der Stern
Wie klein und nichtig werden doch unsere Probleme in Anbetracht des unendlich weiten Sternenhimmels! Vertrauen Sie der die Weisheit der Existenz, sie schickt Ihnen genau das, was Sie zu Ihrer Selbstverwirklichung brauchen.

18 Der Mond
Haben Sie keine Angst, das Reich der Nacht zu betreten und sich den dunklen Mächten zu stellen. Nur in Ihrer eigenen Tiefe liegt der Schlüssel zu Ihrem innersten Wesen verborgen.

19 Die Sonne
So wie die Kraft der Sonne alles zum Wachsen und Blühen bringt, so lassen auch Sie Ihre innere Sonne strahlen. Gehen Sie Ihren Weg mutig und voller Vertrauen in Ihre innere Kraft.

20 Gericht
Ihre Ein-Sicht erlöst Sie vom Schmerz vergangener Erfahrungen. Sie haben verstanden, daß Urteile über andere letztendlich nur Urteile über Sie selbst sind. Sie fühlen sich wie neugeboren.

21 Die Welt
Sie haben allen Grund, das Leben zu feiern, denn Sie sind mit sich und anderen in Harmonie. Die Welt steht Ihnen offen. Jetzt liegt es an Ihnen, den Tanz des Lebens zu genießen!

0 = 22 Der Narr
Erleben Sie jeden Augenblick völlig neu und als ein Geschenk! Lassen Sie die Vergangenheit los und folgen Sie spontan dem Weg Ihres Herzens.

Ich möchte Sie an dieser Stelle noch einmal ermutigen, Ihre eigenen Gedankenspielereien zu den Quersummenkarten zu machen. Manchmal liegt auch eine Warnung in ihnen verborgen. Nur Sie allein können entscheiden, was für Sie stimmt.

Der innere Führer

Jeder von uns hat einen inneren Führer. Manche mögen ihn innere Stimme, manche mögen ihn höheres Selbst oder Schutzengel nennen. Eine Spielart mit den Hofkarten kann Ihnen weiterhelfen, herauszufinden, was Ihr innerer Führer in schwierigen Lebenssituationen ist und was er Ihnen rät.

Addieren Sie die Anzahl der Buchstaben des Vor- und Zunamens, den Sie bei Ihrer Geburt hatten. Bilden Sie, falls diese Zahl höher als 16 ist, die Quersumme. Finden Sie die entsprechende Hofkarte aus dem folgenden System heraus:

	König (Ritter)	Königin	Ritter (Prinz)	Page (Prinzessin)
Scheiben	1	5	9	13
Schwerter	2	6	10	14
Kelche	3	7	11	15
Stäbe	4	8	12	16

Beispiel:
Helmut Wagner = 12 Buchstaben
Sein innerer Führer ist der Ritter (bzw. je nach Tarotdeck Prinz) der Stäbe. Ihm hilft im allgemeinen die frische, aktive Energie des Ritters in Krisensituationen.

Legen Sie die Karte Ihres inneren Führers vor sich und betrachten Sie diese eine Weile. Stellen Sie sich eine Begegnung mit ihm vor, unterhalten Sie sich mit ihm und stellen Sie ihm die folgenden oder ähnliche Fragen:

- Was würdest du an meiner Stelle tun?
- Hast du irgendeine Botschaft für mich?
- Kannst du die tiefere Ursache meines Problems sehen?
- Was hilft mir weiter?
- Was ist mir hinderlich?
usw.

Betrachten Sie Ihren inneren Führer wie einen lieben, vertrauten Freund und achten Sie darauf, was spontan als Antworten in Ihnen aufsteigt. Auch wenn Ihnen dieses Zwiegespräch zu Anfang etwas befremdlich und eigenartig vorkommt, halten Sie sich nicht zurück. Nach mehrmaliger Übung wird Ihnen diese Unterhaltung bereits vertrauter sein! Sie können zur Beantwortung der Fragen als Hilfestellung auch Karten ziehen.

Kapitel 10

Die Bedeutung der Farben im Tarot

Schon immer ist den Menschen die Heilwirkung von Farben bekannt gewesen. Doch erst seit kurzer Zeit beachten wir diese natürliche Methode der Heilung und Harmonisierung wieder mehr, z. B. in der Farbtherapie (siehe dazu »Die Farben Deiner Seele« oder »Die richtige Schwingung heilt«, Ingrid Kraaz von Rohr) oder in der Farb- und Stilberatung. Wir können uns in Farbe durch Kleidung einhüllen, Farben betrachten oder sie gedanklich in Meditationen für uns nutzen. Wenn wir uns ihre verborgenen Qualitäten und Kräfte bewußt machen, erhalten wir einen Schlüssel zum Verständnis kosmischer Gesetzmäßigkeiten und damit zu unserem inneren Potential.

Durch nichts wirken Bilder so stark wie durch ihre Farben. Stellen Sie sich vor, die Tarot-Karten wären nur schwarz-weiß gezeichnet! Mit Sicherheit hätten sie nicht die Aussagekraft, die sie erst durch ihre Farbgebung erhalten. Die Interpretationsmöglichkeiten wären wesentlich eingeschränkt.

Ich möchte Ihnen im folgenden Kapitel die Symbolik von Farben näherbringen. Damit gebe ich Ihnen eine weitere Möglichkeit an die Hand, Ihre individuelle Deutung zu finden und durch den farblichen Aspekt zu erweitern.

Licht, Farbe und Dunkel bilden eine Dreiheit. Reinweißes Licht und tiefschwarzes Dunkel bilden sozusagen den Bilderrahmen, innerhalb dessen sich auf der Leinwand das Leben der Farben entfaltet. Es ist das Licht der Sonne, das alles zum Leben erweckt, das den in der Erde schlummernden Keim zum Wachsen bringt. Alle Materie, Erscheinungen und Dinge in der Natur sind verschiedene Manifestionen des einen Lichts. Das Dunkel, der Schatten ist die Abwesenheit von Licht und existiert nur als Kontrast zum Licht. Die Fülle des reinweißen Lichts, Symbol des göttlichen Bewußtseins und der Schöpferkraft bricht sich, spaltet sich auf und wird zur Farbe: Wir sehen sie im Regenbogen, der seine Schönheit in sieben gestuften Grundtönen entfaltet.

Farben sind die Vorboten des Dunkels, sie sind die graduelle Trübung des Lichts. Farben erzählen uns etwas über das Wesen der Dinge, sie sind die Sprache des Lebens. Sie wirken auf unsere Seele und sind gleichzeitig Ausdruck unserer seelischen Verfassung. In den Farben spiegelt sich das Ringen der menschlichen Seele mit den Kräften des Lichts und der Finsternis. Im Spiegel der Farben erkennen wir uns selbst.

Die drei Primärfarben

Es ist fast unglaublich, daß die unendliche Vielfalt der Farben auf nur drei Grund- oder Primärfarben zurückgeht: Blau, Rot und Gelb. Alle anderen Farben sind eine Mischung verschiedener Anteile aus diesen Farben. Heinrich Benedikt schreibt in seinem Buch »Die Kabbala« folgendes: »In der Dreiheit der Grundfarben und der Polarität von Hell und Dunkel (größere und geringere Intensität) finden wir jene Prinzipien, die die gesamte Natur, das ganze Universum, aber auch die ganze Skala unseres seelischen Erlebens durchziehen: Alles seelische Erleben und Geschehen manifestiert sich... in gegensätzlich empfundenen Abstufungen und Verbindungen dreier Grundkräfte beziehungsweise Aspekte.«

Wenden wir uns nun den einzelnen Farben zu:

Blau

Blau ist die Farbe des Himmels, des Ozeans, der Unendlichkeit. Blicken wir in ein Blau, so beruhigt sich unser unsteter Geist. Wir wenden uns nach innen. So ist Blau die Farbe der Meditation, der Versenkung. Es weckt in uns aber auch eine tiefe Sehnsucht, Fernweh und regt uns zum Träumen an. Vielleicht denken wir an eine Fahrt ins »Blaue«, ans »Blau-machen« oder auch an die verborgenen Tiefen unseres Wesens. Blau hat etwas Geheimnisvolles, Unergründliches und es regt unsere Phantasie an. Das kann soweit gehen, daß wir das »Blaue vom Himmel runter lügen«.

Blau hat immer etwas Schweres an sich. Es ist passiv, schützend und kann uns in seinen dunkleren Tönen blockieren und beschweren. In seinen helleren Tönen verliert es die Erdenschwere, steigt zum Himmel auf und strebt nach Transzendenz, nach Bewußtsein und erweiterter Wahrnehmung. Seine

Ideale sind selbstlose Menschenliebe, Treue, Freundschaft, Wahrheit und Hingabe. Durch seine Klarheit ist Blau auch Symbol für Reinheit und Jungfräulichkeit.

Blau ist die stofflichste aller Farben. Sie ist dem Dunkel am nächsten. Sie kühlt, beruhigt und erdet uns. Wo auch immer das Blau fehlt, scheuen wir die Realität, haben keinen Sinn für das Praktische und stehen nicht mit beiden Beinen auf dem Boden. Vielleicht haben wir gute Ideen, doch wir können sie nicht umsetzen.

Rot

Ganz anders verhält es sich mit der Farbe Rot. Rot ist die Farbe des Lebens, des Blutes, des Feuers. Sie ist voller Aktivität und Bewegung. Sie strotzt vor Kraft, Tatendrang und Leidenschaft. In ihr spiegelt sich Eroberungsdrang, Leistungswille und Wettbewerb der Jugend wider. Seine männlichen Eigenschaften sind im positiven Sinne Mut, Durchhaltevermögen, Unternehmungslust, Eroberungsfreude und Entschlossenheit. Doch nur allzu leicht können diese Qualitäten auch umschlagen in Aggression, Wut, Gewalt, Kampf, Gier und Rechthaberei. Wir sehen nur noch »rot«.

Unsere moderne westliche Zivilisation ist rot überbetont. Dies zeigt sich in zu großer Leistungsorientiertheit, in Hektik und Streß. Durch das übertriebene Streben nach immer mehr Macht, Besitz und Sicherheit verlieren wir den Kontakt zur Natur und damit zu uns selbst. Fehlt einem Menschen jedoch das Rot, so wird er labil, kann sich nicht durchsetzen und gibt vorschnell auf. Er scheut sich, Verantwortung für sich selbst zu übernehmen und macht sich zum Spielball anderer.

Wird Rot zum Rosa aufgehellt, verliert es seinen aggressiven Charakter und gewinnt an Zartheit und Zärtlichkeit.

Gelb

Gelb ist die leichteste aller Farben. Es zieht uns zum Licht. Ohne Grenzen strahlend ist die Farbe des Geistes, der Weisheit und Philosophie. Kaum an die Materie gebunden ist es extravertiert, will sich ausdehnen und sucht die Kommunikation. Doch spüren wir bei der Betrachtung des Gelb neben seinem heiteren, unbeschwerten Wesen auch etwas Feines, Zartes, Sensibles, ja fast etwas Scheues, Empfindsames. So kann Gelb in seiner Verletzbarkeit auch zynisch und giftig werden. Wenn wir gelb vor Neid oder Eifersucht werden, machen wir spitze Bemerkungen, um unsere Empfindsamkeit zu verdecken. Im Gelb können wir uns völlig in etwas verbohren und den Boden unter den Füßen verlieren.

Gelb hat immer eine feine, anregende Wirkung. Es drängt uns, die Wahrheit zu suchen und in die Geheimnisse des Lebens einzudringen. Es will uns zum Licht führen. So war Gelb schon seit Urzeiten die Farbe der Kleidung vieler spiritueller Sucher vor allem der hinduistisch und buddhistisch geprägten Tradition. Doch auch der Osten muß sich seiner einseitigen Orientierung bewußt werden. Indem er das Irdische verachtet und Weltabgewandtheit als Ideal hinstellt, verliert er den ganzheitlichen Bezug ebensosehr wie der materialistisch orientierte Westen. Beide können voneinander lernen.

Verbindet man die drei Grundfarben Rot, Blau und Gelb miteinander, so werden sie wieder zum weißen Licht. Dies gilt symbolisch auch für den Menschen: Nur wenn die Qualitäten aller drei Farben im Gleichgewicht sind, findet er zu seiner Vervollkommnung. Fehlt das Blau, so hat er keinen Boden unter den Füßen. Fehlt das Rot, so mangelt es ihm an Willenskraft und Durchsetzungsvermögen. Fehlt das Gelb, so sieht er keinen Sinn in seinem Tun und es fehlt eine übergeordnete Idee und Ausrichtung im Leben.

Die drei Sekundärfarben

Mischen wir jeweils zwei der Grundfarben im Verhältnis eins zu eins, so entstehen die Sekundärfarben Grün, Orange und Violett. Sie tragen in sich den Charakter der beiden Farben, aus denen sie zusammengesetzt wurden.

Grün

Indem das Gelb (= Geist) in das Blau (= Materie) eindringt, entsteht das Grün. So ist Grün ein Symbol für Wachstum und Leben. Es ist die Farbe der Natur. Unser menschliches Auge erfreut sich am Anblick grüner Hügel, Wiesen und Wälder. Im Grün der Natur entspannen wir und können neue Kräfte für die Aufgaben des Alltags sammeln. So wie Grün im Regenbogen die Mitte einnimmt, so bringt uns die Betrachtung dieser Farbe auch in unsere Mitte, ins körperliche und seelische Gleichgewicht. In ihr finden wir Regeneration und Harmonie. Grün gilt als Symbol für Gesundheit, Wohlbefinden, aber auch für Sympathie, Wohlwollen und Freundschaft.

Dem Grün fehlt die Beweglichkeit und Dynamik des Rot völlig. In seinem Bestreben nach Harmonie meidet es Auseinandersetzungen und paßt sich eher an. So trägt es in sich auch den Aspekt der Langeweile und Überanpassung. Ist jedoch zu wenig Grün vorhanden, so fehlen Naturverbundenheit und innere Harmonie. Mensch und Natur sind nicht voneinander getrennt. Der Mensch ist Teil der Natur. Nur in diesem Wissen hat er eine Chance zu überleben.

Orange

Orange entsteht, indem das Gelb in das Rot eindringt. So wird das Rot heller, transparenter und verliert seinen männlichen, harten Charakter. Es wird feiner, lichter, Ausdruck von Lebensfreude und Begeisterung. Orange ist die Farbe der Sonne und des Goldes. Es strahlt aus sich heraus und steckt uns an mit seinem Licht und seiner Wärme. Der Tatendrang des Rot und die kreativen Ideen des Gelb durchdringen sich gegenseitig, und so will das Orange seine Talente und Fähigkeiten entfalten. Es will schöpferisch wirken und formen. Auch bedingungsloses Geben, Liebe und Barmherzigkeit sind seine Charaktereigenschaften. Das Orange kann die Flamme unseres inneren Potentials entzünden. So könnten wir es als unsere Seele betrachten, während Blau der Körper ist, das Medium, durch das sich die Kreativität des Orange verwirklichen kann.

Violett

Indem wir Blau und Rot mischen, entsteht Violett. In ihm wird der leidenschaftliche Charakter des Rot gedämpft, das Blau kühlt die übersprudelnde Energie des Rot. Die Pole eines Magneten werden mit Blau und Rot gekennzeichnet. So symbolisiert Violett – die Vereinigung von Rot und Blau – die Anziehung von Mann und Frau. In ihm wohnt die Sehnsucht nach Einheit, nach der Überwindung der Dualität. Violett ist die Farbe des Rausches, der Leiden, des Opfers und der Hingabe an den Weg der Wandlung und Transformation. Dabei dürfen Hingabe und Opfer nicht falsch verstanden werden: Der Mensch erkennt seinen freien Willen und seine Selbstverantwortung. Anstatt sich zum Opfer zu machen, geht er bewußt den Weg der Hingabe an die Gesetze der Existenz.

Violett ist sowohl Symbol für den Tod als auch für höchste mystische Erfahrung. In ihm liegt sowohl die Möglichkeit der Befreiung als auch des Verfalls, der Verzweiflung, der Sucht und der Kriminalität. Von allen Farben hat Violett die intensivste Wirkung auf unsere Seele. Es stellt uns vor die Wahl: Leben oder Tod, Leid oder Befreiung, Wahn oder Erleuchtung. Violett ist auch die Farbe der Intuition. Sie findet ihre Ergänzung im Gelb, in der Vernunft. Wissenschaft (Gelb) und Religion (Violett) sollten sich nicht gegenseitig bekämpfen, sondern miteinander verbrüdern.

Die Tertiärfarben

Die Tertiärfarben entstehen durch das Mischen jeweils einer Grundfarbe mit der ihr komplementären Sekundärfarbe im Verhältnis eins zu eins. Diese Mischungen zweiten Grades sind Braun, Oliv und Blauschiefer. Diese Farbtöne sind keine Bestandteile des Lichts. Sie wirken verunreinigt, verschmutzt. Die Grundfarben verhüllen in ihnen ihren wahren Charakter und ihre Motive. Deshalb werden sie auch Hüllfarben genannt. Sie werden bis heute gerne von Militärs als Tarnfarben benutzt.

In Braun verleugnet sich das Rot. Braun schützt uns, ist Symbol für die Erde, für alles was abstirbt. Doch es ist auch Nährboden für neues Leben. Im Oliv versteckt sich das Gelb. Es ist die Farbe geistigen Verfalls, des Fanatismus und der Besserwisserei. Blauschiefer ist verunreinigtes Blau. Es wirkt kühl, blaß, ja fast scheu auf unser Auge. Es fehlt ihm die Klarheit und Tiefe des Blau.

Wenn sich ein Mensch überwiegend mit diesen Farben umgibt, so sollten wir nicht vorschnell Rückschlüsse auf seine Persönlichkeit ziehen. Sie können auch auf seine Scheu, sein Bedürfnis nach Rückzug und Unauffälligkeit oder sogar auf einen gesunden Bezug zur Erde hinweisen.

Um es noch einmal zu wiederholen: Farben sind Spiegel unserer Seele. Sie zeigen unsere Stimmungslage und unsere Gemütsverfassung. Nicht umsonst tragen wir beispielsweise Schwarz in Zeiten der Trauer und Zurückgezogenheit. Und an warmen, freudvollen Urlaubstagen werden wir eher zu bunten, expressiven Farben tendieren. Wir können Farben ganz bewußt auswählen, um seelisches Ungleichgewicht wieder auszubalancieren. Mit ihrer Hilfe können wir uns unauffällig machen oder zum Blickfang werden. In Phasen der Depression können wir durch kräftige Farben unser Gemüt erhellen. Nutzen Sie auch die Farben des Tarot, um den Unausgewogenheiten in Ihrem Leben auf die Spur zu kommen.

Die Farben im Tarot

Nachdem ich Ihnen nun die Symbolik der Farben nähergebracht habe, können Sie die Tarotkarten hinsichtlich ihrer Farbgebung näher betrachten. Diese wurden nicht zufällig, sondern ganz bewußt von ihren Schöpfern ausgewählt.

Breiten Sie nun die Karten nach Zahlen geordnet vor sich aus: Die Großen Arkana von eins bis einundzwanzig, die Kleinen Arkana von eins bis zehn und die Hofkarten. Lassen Sie Ihren Blick über die Karten schweifen.

- Welches ist die vorherrschende Farbe der jeweiligen Karte?
- Welche Rückschlüsse können Sie daraus auf die Bedeutung der Karte ziehen?
- Welche Karten haben eine farbliche Verwandtschaft?
- Was verbindet diese Karten miteinander?
- Welche Gemeinsamkeit haben sie?
- Welche Farbe(n) fehlt in den einzelnen Karten völlig?
- Was sagt Ihnen das?
- Wie ist Ihre Reaktion auf die jeweiligen Farben?
- Mit welchen Farben umgeben Sie sich zuhause?
- Was ist die Lieblingsfarbe Ihrer Kleidung?
- Stimmen diese Farben mit den Farben, die Sie im Tarot bevorzugen, überein?

Achten Sie auch auf Details:

- Welche Farbe hat der Hintergrund einer bestimmten Karte?
- Welche Farbe hat die Kleidung der abgebildeten Person(en)?
- Welche Charaktereigenschaften erhält die Person dadurch?
- Welche Farben haben die verschiedenen Symbole?

- Sehen Sie Querverbindungen zwischen der Symbolik der Farben und der Symbolik der Zahlen?
- Untermauern die Farben die Bedeutung der Karte?

Das folgende Legesystem soll Ihnen helfen, sich über Ihre Beziehung zu den einzelnen Farben bewußter zu werden und deren Stellenwert für sich zu erkennen.

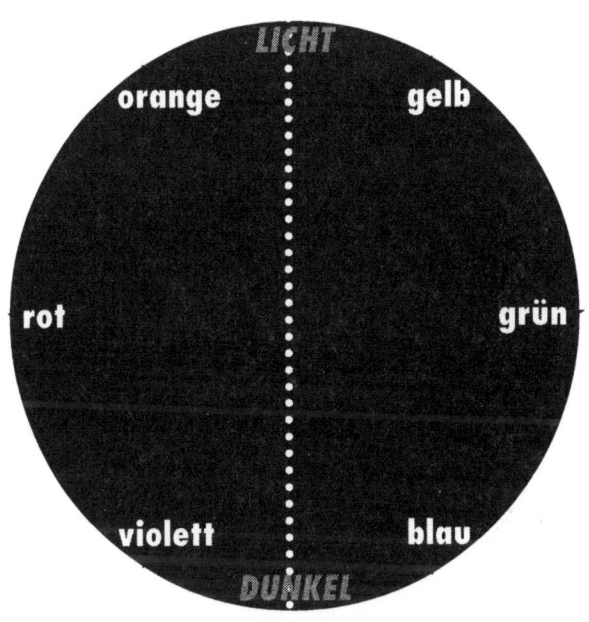

Blau	= Meine Realitätsbezogenheit (dunkelblau)
	Meine Sehnsucht, meine Träume (hellblau)
Rot	= Mein Durchsetzungsvermögen, Wille, Aktivität
Gelb	= Meine Ideale, mein Geist
Orange	= Meine schöpferischen Impulse, meine Kreativität
Grün	= Meine Beziehung zur Natur, mein Wachstum
Violett	= Meine Intuition, Wandlungsfähigkeit

Kapitel 11

Tarot
in der Gruppe

Nachdem wir uns bis hier mit der Möglichkeit des Tarot für Sie alleine oder mit einem Partner beschäftigt haben, möchte ich nun auf neue Spielmöglichkeiten in einer Gruppe von Menschen eingehen. Diese Gruppe kann ein Kreis von Freunden, die Familie, eine Partygesellschaft, eine Therapie- oder Selbsterfahrungsgruppe sein.

Oftmals wurde bei mir aus einem spontanen Treffen mit Freunden am Abend, an dem es eigentlich nicht viel zu sagen gab, ein sehr intensives Zusammensein, wenn wir zu dem, was einem der Anwesenden auf dem Herzen lag und zum Problem geworden war, Tarotkarten zogen. Durch das Spiel mit den Karten offenbart man sich, öffnet sich seinen Freunden und erreicht oftmals eine ansonsten seltene Nähe und Mitgefühl.

Um so hilfreicher und klärender kann das Spiel mit der Familie sein, denn mit diesen Menschen kann man aufgrund des Zusammenlebens weit mehr Konfliktstoff oder Probleme auflösen als mit Freunden und Entscheidungen mit weitreichenden Wirkungen auf alle Beteiligten treffen.

Bei Selbsterfahrungs- oder Therapiegruppen können die Karten als ein Medium genutzt werden, das einen Erfahrungsprozeß beschleunigt oder den Zugang zur Problematik gleich welchen Bereiches des Seins erleichtert. Darüber hinaus hat eine Gruppe eine ganz besondere Dynamik: Sie fördert und potenziert durch das gemeinsame Tun und den Willen zur körperlichen, geistigen oder emotionalen Erfahrung die Wirkung jeglicher Prozesse. Diese Prozesse der Teilnehmer werden durch die gemeinsame Energie – die Gruppenenergie – beschleunigt und ermöglichen oft das Eintreten in völlig neue Ebenen der Erkenntnis und Realitätserfahrung der einzelnen Teilnehmer. Die anderen Gruppenteilnehmer dienen dabei als Spiegel des Selbst und können durch ihre individuellen Erfahrungen und Erkenntnisse eine Synthese bilden, die dem einzelnen nicht möglich ist. Subtilste Regungen können in der Gruppe schneller und treffsicherer erkannt werden.

Dabei können Tarotkarten eine wertvolle Hilfe für die Selbstdarstellung, Kommunikation und Klärung sein. Therapie oder Gruppenarbeit muß nicht ernsthaft und schmerzhaft sein. Für den spielerischen Aspekt der Gruppen bieten Tarotkarten, wie ich später aufzeigen werde, ein reiches Angebot, um Freude miteinander zu haben. Die Rider-Waite-Karten mit ihren anschaulichen Darstellungen eignen sich besonders gut dafür.

Als Basis für Tarot in der Gruppe muß der Wille zur Öffnung, Vertrauen und Mitgefühl vorhanden sein. Mangelt es an dem, so wird weder Einsicht, Erkennen und Lösung möglich, noch Spiel und Freude aufkommen. Erfahrungsgemäß schafft das Tarot, falls ein Teilnehmer einmal den Anfang gemacht hat und sich durch seine Karten offenbart, eine Öffnung auch bei den anderen. Wenn Sie in einer Gruppe gleich welcher Art sind, ist es von Vorteil, wenn eine Person zum Leiter der Gruppe bestimmt wird. Diese Person ist dann für den Spielablauf und die Einhaltung der Spielregeln zuständig.

Die folgenden Anregungen sind für alle Arten von Gruppen gedacht. Für Spiele innerhalb des Freundeskreises, der Familie oder bei einer Party oder in der Selbsterfahrungs- bzw. Therapiegruppe können die Vorschläge mit etwas Kreativität selbstverständlich verändert angewendet werden. Halten Sie sich nicht zu starr an die vorgeschlagenen Regeln und Systeme, sondern lassen Sie Ihrer Kreativität freien Lauf! Damit wird das Spiel lebendig und wird Ihnen viel mehr Freude machen.

Selbstdarstellung

Als Einstieg in eine Gruppensituation zieht jeder Teilnehmer für sich selbst eine Karte. Je nach Zielsetzung der Gruppensitzung können mit dieser Karte eine der folgenden Fragen beantwortet werden:
- Was bringe ich in die Gruppe mit?
- Wie fühle ich mich in diesem Kreis?
- Was beschäftigt mich momentan am meisten?
- Wie fühle ich mich im Moment allgemein?
- Welche Karte repräsentiert mich so, wie ich von den anderen gesehen werden möchte?

Jeder legt seine Karten offen vor sich hin, zeigt sie den anderen und spricht über sich mit Hilfe der Kartensymbolik. Unterstützt werden kann diese Selbstdarstellung durch eine der Karte entsprechenden Körperhaltung oder beschreibenden Gestik. Alle anderen Teilnehmer hören einfach zu, ohne zu bewerten oder Kommentare abzugeben.

Spiegelbild

Jeder Teilnehmer zieht für den Nachbarn zu seiner Rechten eine Karte mit der Frage:
– Wie sehe ich Dich?
– Welchen Eindruck habe ich von Dir?
Der Angesprochene hört kommentarlos zu, was sein Nachbar zu sagen hat. Nachdem jeder im Kreis geäußert hat, welches Bild er von seinem Nachbarn hat, wird in einem zweiten Durchgang geklärt, was diese Aussagen über den anderen mit der Person selbst zu tun haben. (Wir sehen ja in dem anderen uns selbst...). Eventuell wird noch eine Karte zusätzlich gezogen mit der Frage:
– Was löst der Eindruck des anderen in mir aus?

Sympathie

Jeder Teilnehmer zieht eine Karte für sich, die ihn repräsentiert. Danach legen alle Teilnehmer ihre Karten in die Mitte und können sich entscheiden, zu welcher Karte (= Person) sie sich hingezogen fühlen und neben wem sie sitzen wollen. Dabei ist es sehr interessant zu beobachten, daß die Sympathieentscheidung aufgrund des äußeren Erscheinungsbildes und des Verhaltens nicht immer mit der aufgrund der Selbstdarstellung durch die Karten übereinstimmt.

So kann es sein, daß man gerne neben der Karte »Die Kraft« sitzen möchte, deren dazugehörige Person einem zuvor gar nicht besonders aufgefallen ist. Oder man mag einen Menschen wegen seines Aussehens nicht, stellt aber durch das Betrachten seiner Karte fest, daß es einen zu dem in diesem Menschen versteckten »Ritter der Schwerter« hinzieht. Hier ergeben sich lehrhafte Erkenntnisse über den Unterschied zwischen dem kritischen Verstand, der sich am Erscheinungsbild orientiert, und unserer Feinfühligkeit, die auf die Energie eines Menschen ausgerichtet ist.

Ähnlichkeiten

Wenn alle Teilnehmer ihre Karten ausgelegt haben, ist es interessant zu sehen, wer ähnliche Karten gezogen hat. Diese Teilnehmer setzen sich zusammen und versuchen herauszufinden, was ihr verbindendes Element, ihre gemeinsame oder ähnliche Problematik usw. ist. Danach präsentieren sie sich der gesamten Gruppe, die nun, ohne zu wissen, was die jeweiligen Partner besprochen haben, intuitiv äußert, welche Gemeinsamkeiten diese Menschen haben. So können Fremd- und Eigenbild einem kritischen Vergleich unterzogen werden.

Idealbild und Schatten

Die folgende Übung wurde von mir bereits in Kapitel 2 beschrieben und soll hier durch eine szenische Darstellung erweitert werden. Jeder Gruppenteilnehmer macht die Spielauslage »Idealbild und Schatten« (siehe Kapitel 2). Nun wird vom Spielleiter folgende Aufgabe gestellt:

Alle Idealbilder treffen sich auf einem Fest. Jeder spielt sein Idealbild, das heißt den Teil von sich, den er gerne nach außen zeigt und wie er von anderen gerne gesehen werden möchte. Da plaudert der souveräne Herrscher mit der kühlen, geheimnisvollen Hohepriesterin, der Teufel flirtet mit der Lebenslust, der ewige Sonnenschein trinkt ein Gläschen mit dem Eremiten... Fühlen Sie sich ganz in Ihre Rolle hinein und scheuen Sie sich nicht, Ihr Idealbild einmal voll und guten Gewissens auszuagieren und darüber zu schmunzeln.

Anschließend Szenenwechsel: Alle Schatten treffen sich auf einem Fest. Jeder Teilnehmer lebt nun einmal die Seite von sich aus, die er sonst gerne vor anderen versteckt, weil sie ihm peinlich ist oder ihm Angst macht, übertreiben Sie es! Seien Sie jetzt einmal von Herzenslust zerstörerisch, herrschsüchtig, eingebildet, närrisch oder hingebungsvoll. Sie werden Spaß daran finden und dadurch Distanz zu Ihren abgelehnten Seiten schaffen. Darüber hinaus werden Sie vielleicht sehen, daß

Ihre Mitspieler anders auf Sie reagieren als Sie es erwartet haben.

Natürlich macht es mehr Spaß, wenn Sie sich verkleiden und die Party mit Musik untermalen. Es ist gut, sich nach dem Spiel auszutauschen, wie Sie sich in den verschiedenen Rollen gefühlt haben und wie Sie auf andere Mitspieler gewirkt haben.

Der Heiße Stuhl

Diese Übung ist wirklich eine »heiße« Angelegenheit! Sie erfordert den Mut, ganz ehrlich zu sein und den Wunsch, wirklich wissen zu wollen, was andere Menschen von einem denken. Das eignet sich natürlich nur für solche Gruppen, die sich mit diesem Thema beschäftigen und setzt voraus, daß sich die Teilnehmer schon gut kennen.

Eine Person setzt sich auf einen Stuhl in die Mitte des Kreises der Gruppe. Die Mitspieler im Kreis ziehen nacheinander eine Karte für ihn mit der Frage:

• Was mag ich an dir?

Mit Hilfe der Karte sagen sie dem in der Mitte Sitzenden, was ihnen an ihm gefällt. Der Angesprochene hört ruhig zu, gibt keine Kommentare ab und bedankt sich am Schluß bei jedem für die ehrliche Rückmeldung.

In einem zweiten Durchgang wird eine andere Karte gezogen. Sie gibt Auskunft auf die Frage:

• Was stört mich an dir?

Jeder sagt nun mit Hilfe der Karte wieder so offen wie möglich, was er an seinem Mitspieler nicht mag, womit er Schwierigkeiten hat und wie bestimmte Verhaltensweisen negativ auf ihn wirken. Wieder soll daraus keine lange Diskussion entstehen, sondern nur schweigend zugehört werden. Nachdem alle Teilnehmer auf dem Heißen Stuhl saßen, kann in einem Kreisgespräch geklärt werden, wie diese Übung für jeden war. In Therapie- und Selbsterfahrungsgruppen kann damit auch therapeutisch weitergearbeitet werden.

Spiele: Tarot-Märchen erzählen

Das gesellige Zusammensein von mehreren Menschen kann ein guter Rahmen sein, als Erwachsener wieder einmal in die Welt der Märchen einzutauchen. Dabei geht es um die Erfahrung, völlig ziellos und nicht erfolgsorientiert eine Geschichte zu erfinden. Sie geben als Teilnehmer dem Kind in sich die Gelegenheit, sich auszudrücken und auf eine imaginäre Weise zu spielen: Da heiratet der König der Stäbe die Hohepriesterin, der Teufel spielt mit dem Tod Karten, der Narr erlebt verrückte Abenteuer, der Gehängte ist ein Zauberer und der zurückgezogen lebende Eremit freut sich über jeden Besuch. Die Gruppenarbeit kann durch das Erzählen von Tarot-Märchen nicht nur aufgelockert werden, sondern profitiert durch die Kreativität und Phantasie, die durch die Gruppendynamik gefördert wird.

Ein Teilnehmer der Gruppe zieht eine Karte und beginnt, die Geschichte zu erzählen: »Es war einmal vor langer, langer Zeit...« Er kann nur einen Satz sagen oder fünf Minuten lang erzählen, ganz wie es ihm beliebt und seine Erfindungsgabe sprudelt. Die Erzählweise sollte locker, humorvoll und spontan sein. Danach zieht der Nachbar zu seiner Linken die nächste Karte und erzählt die Geschichte weiter. Dieses Erzählen kann durch das Ziehen neuer Karten beliebig lang fortgesetzt werden. In meinen Tarotgruppen hatten wir dabei immer viel Spaß und wir waren alle erstaunt, welche verborgenen Talente als Märchenerzähler dabei zutage traten. Immer wieder nahm die Handlung eine völlig unerwartete Richtung und erforderte vom nächsten Erzähler sehr viel Kreativität, um sich auf die Geschichte einzustimmen und das Märchen weiterzuspinnen. Manchmal waren die Geschichten so gut, daß wir sie auf Tonband aufnahmen und später nochmals abhörten. Ich habe Kinder in der Schule Tarot-Märchen erzählen lassen, die ohne weiteres in der Lage waren, aufgrund der Kartenvorgaben die abenteuerlichsten Geschichten zu erfinden.

Spiele: Tarot-Theater

Eine Erweiterung des Tarot-Märchens ist das Tarot-Theater, bei dem die erfundene Handlung von den Teilnehmern gespielt wird. Auch hier sind der Kreativität keine Grenzen gesetzt, und jeder Teilnehmer kann sich nach Herzenslust darstellen. Jeglicher Leistungsdruck durch Perfektionismus sollte dabei vermieden werden, sondern das Theater wie ein Kinderspiel stattfinden. Auf aufwendige Ausstattung und Bemalung muß man dabei auch keinen Wert legen, eher auf Ausdruck und Bewegung.

Jeder Teilnehmer zieht eine Karte. Danach werden durch Abzählen zwei Gruppen gebildet. Jede der beiden Gruppen muß nun versuchen, innerhalb eines vorgegebenen Zeitraumes (etwa 1 Stunde) aus der gezogenen Karte ein Theaterspiel zusammenzustellen, diesem einen Titel zu geben und sich notwendige Utensilien (Kleidung, Gegenstände) zu besorgen. Es ist erstaunlich zu sehen, wie sonst trockene und vernünftige »Erwachsene« sich innerhalb weniger Minuten in lebendige, spielende Kinder verwandeln können und aus den umherliegenden Gegenständen imaginäre Pferde, Kutschen, Kronen, Zauberbesen und wallende Gewänder entstehen. Das Theaterstück kann durch Musik untermalt werden.

Als zusätzlichen Gag können noch Vorgaben gemacht werden. Das Stück muß z. B. als Oper, bayerisches Volkstheater, Krimi, chinesisches Singspiel, Liebesdrama usw. gespielt werden. Dazu sind entsprechende Zettel vorbereitet, die ein Vertreter der jeweiligen Gruppe ziehen muß. Die beiden Gruppen spielen sich gegenseitig ihre Stücke vor.

Eine andere Version des Tarot-Theaters ist einer großen Gruppe (ab 25 Personen) möglich. Dabei werden nur die Karten der Kleinen Arkana gezogen, so daß sich vier Gruppen ergeben. Alle Stäbe, Kelche, Münzen und Schwerter bilden jeweils eine Gruppe. Mit passender musikalischer Untermalung stellen die vier Gruppen nacheinander die Energien ihrer Karten dar: Da kämpfen die Schwerter miteinander, die Kelche befinden sich im Strudel der Gefühle und haben ein Trinkgelage, die Münzen handeln und feilschen miteinander usw. Das ist eine sehr veranschaulichende Handlung, bei der sich schon mancher Darsteller »spielerisch« selbst erkannte und eine sanfte Lektion über sein Verhalten bekam.

Danach ist eine Fortsetzung möglich, bei der sich die Energien – die jeweiligen Gruppen – treffen und miteinander verbal oder nonverbal kommunizieren. Es ist interessant zu sehen und durch das Darstellen zu erleben, was passiert, wenn sich z. B. die kämpferischen Schwerter (Vertreter der männlichen, aktiven und aggressiven Energie) mit den sensiblen, gefühlvollen Kelchen (Vertreter der weiblichen, passiven, abwartenden

Energie) treffen. Hier begegnen wir Situationen, die uns tagtäglich passieren.

Durch unsere Verschiedenartigkeit kommt es häufig zu Mißverständnissen, da wir auf verschiedenen Ebenen kommunizieren. Das wird durch dieses Theater sehr nachdrücklich vermittelt. Diese Darstellung der Energien der vier Gruppen kann sowohl ernsthaft als auch humorvoll sein, je nachdem wie es die Gruppensituation erfordert.

Eine andere Version: Mit den Hofkarten können Familiensituationen simuliert werden. Die Könige stehen für den Vater, die Königinnen für die Mutter, Prinzen oder Ritter (je nach Deck) für den Sohn, Prinzessinnen oder Pagen für die Tochter. Lassen Sie zunächst einmal die Familien unter sich spielen, z.B. nur die Kelch-Familie. Wie geht es bei »Kelchs« zuhause zu, wie reden sie miteinander, wie lösen sie Konflikte? Mit Sicherheit wird die Atmosphäre dort anders sein als bei der Schwert-Familie nebenan. Als Spielvorgaben sind typische Familiensituationen angebracht: Weihnachten zuhause, Urlaub mit der Familie, beim Frühstück, Fernsehabend, die Kinder wollen eine Party machen.

Die Fortführung der Familienspiele ist das Aufeinandertreffen von verschiedenen Familien: die geschäftstüchtige, erfolgreiche Münz-Familie besucht die energische, sportliche Stab-Familie. Was passiert? Wie reden und über was reden sie miteinander?

Abschließend können Sie eine gemischte Familie spielen lassen. Wie fühlt sich der Kelch-Vater mit seiner Schwert-Gattin, seiner Stab-Tochter und seinem Münz-Sohn. Sicherlich werden Vater und Sohn einige Konflikte bezüglich ihrer Lebensweisen und -ziele haben. Mutter und Tochter werden in dieser Familie wohl das Sagen haben und es ist interessant zu beobachten, mit welchen Tricks sie ihr Regiment führen. Schauen Sie doch einmal, wie es in Ihrer eigenen Familie zugeht! Diese Spielvariation ist natürlich sehr wertvoll für familientherapeutisch orientierte Gruppen.

Die Zusammenarbeit beim Tarot-Theater beschleunigt das Kennenlernen der Teilnehmer und kann die weiterführende Gruppenarbeit erleichtern. Ein derartiges Theater kann durch das spielerische Erleben mehr Erkenntnisse beim Darsteller und Zuschauer erzeugen als theoretische Bücher und Vorträge. Durch Humor distanzieren wir uns von unseren Problemen und es fällt uns leichter, uns zu akzeptieren und darzustellen wie wir sind.

Spiele: Tarot-Tanz

Alles Leben ist Tanz. Schwingung und Rhythmus ist das Zentrum unserer Existenz. Je tiefer wir in die Welt der Materie vordringen, in das Geheimnis der Atome, Protonen und Neutronen, desto mehr stoßen wir auf Nichts und Schwingungsmuster. Jedes Volk dieser Erde hat seine eigenen Tänze und Rhythmen. Wir alle spüren eine tiefe Harmonie in uns, wenn wir tanzen, uns mit dem Herzschlag der Existenz bewegen.

Auch die Tarotkarten symbolisieren verschiedene Bewegungsenergien, die im Tanz ausgedrückt werden können. Sie können sich beim Tarot-Tanz auf die Großen Arkana beschränken oder auch alle Karten verwenden. Natürlich ist es sehr wertvoll, wenn Sie sich zu den verschiedenen Energien der Bilder Musikstücke zurechtgelegt haben, denn Sie werden sicherlich eine Schwerterkarte musikalisch anders untermalen als zum Beispiel die Trumpfkarte »Der Stern«.

Zu Beginn der Übung zieht ein Teilnehmer der Gruppe eine Karte und versenkt seinen Blick in das Bild. Dann beginnt er, ihre Energie im Tanz auszudrücken. Die anderen Gruppenmitglieder schauen zunächst zu, stoßen dann aber allmählich dazu. Dabei können sie Bewegungen des Vortänzers imitieren oder ihre eigenen Interpretationsmöglichkeiten finden. Die meisten Menschen kennen nur Standardtänze oder die ritualisierten, meist monotonen Tanzbewegungen in einer Diskothek. Gehen Sie bei dieser Übung über Ihre eingefahrenen Bewegungsmuster hinaus. Lassen Sie die Bewegungen langsam aus sich heraus entstehen, aus Ihrem Verständnis der Tarot-Karte. Versuchen Sie, Ihren kritischen Verstand auszuschalten. Erst nach einer Weile wird der Tanz ekstatischer. Das geschieht völlig mühelos, denn Sie haben kein Ziel vor Augen, das es gilt zu erreichen. Sie haben einen Kelch in der Hand und lassen sich einfach treiben. Sie spüren den leichten, spontanen Bewegungen des Narren nach. Sie versenken sich in den Tempeltanz der Hohepriesterin oder Sie leben im Tanz Ihre teuflische Seite aus. Können Sie sich vorstellen, was passiert, wenn zehn oder gar zwanzig Teufel in einem Raum tanzen? Legen Sie sich nach Beendigung des Tanzes für zehn bis zwanzig Minuten flach auf den Boden, lassen Sie Ihren Atem langsamer werden und spüren Sie in Ihrem Körper nach, welche Auswirkungen der Tanz auf Sie hatte. Sie können diese Übung selbstverständlich auch alleine für sich zuhause machen.

Tarot-Arbeitskreis

Wenn Sie sich intensiv mit den Tarot-Karten beschäftigen wollen, werden Sie wahrscheinlich nach einiger Zeit des Selbststudiums den Wunsch verspüren, sich mit anderen Tarot-Begeisterten auszutauschen. Jeder Mensch macht seine eigenen Erfahrungen mit dem Tarot. Daraus entsteht eine individuelle Betrachtungsweise, die von Person zu Person sehr verschieden sein kann. Warum also nicht den persönlichen, eingeschränkten Horizont erweitern und erfahren, welche Sichtweise andere Menschen haben? Organisieren Sie ein Tarot-Treffen mit Freunden oder annoncieren Sie doch einfach in einer entsprechenden Zeitung! Während Sie alleine Übungen, wie ich sie in den Anfangskapiteln beschrieben habe, durchführen, können Sie Ihre damit gemachten Erfahrungen in einem Arbeitskreis austauschen. Bestimmen Sie jedesmal eine Person zum Leiter der Gruppe, damit das Treffen nicht in einen Klatsch- und Tratschzirkel ausartet. Es ist auch wichtig, daß Sie zu Beginn eines jeden Treffens ein Thema festlegen: Heute wollen wir uns mit dem Kind in uns beschäftigen o. ä. Vielleicht wollen Sie auch am Ende der Gruppe festlegen, womit sich jeder Teilnehmer schwerpunktmäßig in der Zeit bis zum nächsten Treffen beschäftigt, um genügend Gesprächsstoff für den nächsten Termin zu haben. Selbstverständlich eignen sich für einen Arbeitskreis auch die Gruppenübungen von Kapitel 11.

Ausblick

Meine Arbeit am Tarot-Buch neigt sich dem Ende zu. Viele Stunden habe ich damit verbracht, in Erinnerungen zu kramen, alte Aufzeichnungen hervorzuholen, neue Dinge zu entwickeln. Ich habe viel gelernt dabei, über mich, über den Umgang mit Agenten und Verlagen, über meinen alten Computer und den Drucker, der immer wieder drohte, den Geist aufzugeben.

Wieder einmal breite ich mein Tarot-Tuch vor mir aus und will eine Karte ziehen. Welches Deck soll ich nur nehmen? Ich entscheide mich für die Osho-Karten. Langsam mische ich, lasse meine Hand über die Karten gleiten. Zu einer zieht es mich mit einer Kraft, wie ich sie selten gespürt habe, hin. Ihr Schlüsselwort ist: »Annehmen«. Ich kenne die Geschichte, lese sie der Vollständigkeit halber jedoch noch einmal nach.

Wie ein Pfeil trifft mich diese Geschichte. Einige Male hatte ich in den letzten Monaten mit meinem Schicksal gehadert, als zum Beispiel der Buchvertrag so lange nicht eintraf oder mein Computer irgendwelche Fehler nicht preisgeben wollte! Ja, im Annehmen der Dinge so wie sie sind liegt der Schlüssel zu Wohlbefinden und Zufriedenheit! Wenn ich die Idee des Akzeptierens weiterspinne, wird dann das Tarot nicht irgendwann überflüssig? Oder anders ausgedrückt: Beinhaltet der Wunsch, eine Tarot-Karte zu ziehen, nicht ganz versteckt ein Nicht-Akzeptieren von dem was ist, ein Verändern-Wollen, ein Anders-Haben-Wollen? Und soll ich mein Nicht-Akzeptieren vielleicht auch annehmen? Und doch: Habe ich diese Erkenntnisse nicht gerade eben durch die Tarot-Karten erhalten?